I0479930

Gana dinero con criptomonedas Una guía práctica para inversores principiantes

Juan Álvarez

Copyright © 2023 Juan Álvarez

Todos los derechos reservados.

ISBN: 9798378880737

DEDICATORIA

Para mi querida hermana Gema Álvarez, quien ya no está físicamente con nosotros, pero cuyo legado de apoyo y amor continúa inspirándome en mi camino. Gracias por creer en mí cuando tuve la visión de entrar en el mundo de las criptomonedas. Tu apoyo y aliento incondicional me dieron la confianza para perseguir mis sueños y alcanzar mis metas. Este libro es una celebración de ese camino y de tu espíritu eterno. Te extrañamos y te amamos siempre. Dedico este libro a ti, mi amada hermana.

CONTENIDO

AGRADECIMIENTOS

Queridos lectores,

Es con gran alegría y gratitud que comparto con ustedes mi libro "Gana dinero con criptomonedas: Una guía práctica para inversores principiantes". Ha sido un viaje emocionante y desafiante para mí, y no podría haber llegado hasta aquí sin el apoyo y la ayuda de muchas personas.

En primer lugar, me gustaría agradecer a mi familia y amigos por su apoyo constante y por creer en mí en todo momento. Gracias por ser mi red de seguridad y por animarme a seguir adelante incluso cuando las cosas se pusieron difíciles.

Por último, pero no menos importante, quiero agradecer a ustedes, los lectores, por tomar el tiempo para leer mi libro. Espero que encuentren esta guía práctica útil e informativa mientras navegan en el emocionante mundo de las criptomonedas. Espero que les ayude a tomar decisiones informadas y a tener éxito en sus inversions.

Con gratitud,

Juan Álvarez.

CAPÍTULO I
INTRODUCCIÓN A LAS CRIPTOMONEDAS

En la última década, las criptomonedas se han convertido en una fuerza revolucionaria en el mundo financiero. A pesar de que la idea de una moneda digital había sido considerada desde hace décadas, no fue hasta la creación del Bitcoin en 2009 que se sentaron las bases para un nuevo tipo de economía. Las criptomonedas han cambiado la forma en que la gente piensa acerca del dinero y han creado una oportunidad sin precedentes para los inversores.

Las criptomonedas son monedas digitales que se pueden utilizar como medio de intercambio. A diferencia de las monedas tradicionales que son emitidas por un banco central, las criptomonedas son creadas a través de un proceso conocido como minería. La minería implica resolver problemas matemáticos complejos para verificar transacciones y crear nuevos bloques de criptomonedas. Una vez que se crea una criptomoneda, se almacena en un libro mayor digital conocido como blockchain.

El blockchain es una tecnología de registro distribuido que actúa como un libro mayor público. Cada transacción realizada con una criptomoneda se registra en el blockchain y se vuelve inmutable, lo que significa que no se puede modificar ni eliminar. El blockchain garantiza la transparencia y la seguridad de las transacciones, lo que hace que las criptomonedas sean una opción atractiva para los inversores.

El Bitcoin es la criptomoneda más conocida y la que inició todo este fenómeno. Fue creada en 2009 por un individuo o grupo de individuos que operan bajo el seudónimo de Satoshi Nakamoto. Desde entonces, se han creado miles de criptomonedas diferentes, cada una con su propio conjunto de características y usos.

Además de ser utilizadas como medio de intercambio, las criptomonedas se utilizan también como una inversión. Como cualquier inversión, las criptomonedas tienen riesgos y beneficios. La volatilidad de los precios es uno de los principales riesgos asociados con la inversión en criptomonedas. Los precios pueden fluctuar rápidamente en cualquier dirección debido a la oferta y la demanda, así como a factores externos como la regulación gubernamental o las noticias de la industria. Sin embargo, la inversión en criptomonedas también ofrece la oportunidad de obtener ganancias significativas en poco tiempo.

Una de las razones por las que las criptomonedas son atractivas para los inversores es la descentralización. A diferencia de las monedas tradicionales, que están controladas por bancos centrales y gobiernos, las criptomonedas son independientes y no están sujetas a las mismas restricciones. Los inversores pueden invertir en criptomonedas sin tener que preocuparse por la interferencia del gobierno o los bancos.

Además, las criptomonedas ofrecen una mayor privacidad y seguridad que las monedas tradicionales. Las transacciones de criptomonedas no requieren información personal, lo que las hace más difíciles de rastrear y hackear. Sin embargo, esta privacidad también ha llevado a que las criptomonedas sean utilizadas en actividades ilegales, como la compra de drogas en línea y el lavado de dinero.

En resumen, las criptomonedas son monedas digitales creadas a través de la minería y almacenadas en un blockchain. Son utilizadas como medio de intercambio y también como una opción de inversión. Aunque su volatilidad y la falta de regulación pueden representar riesgos para los inversores, la descentralización, privacidad y seguridad que ofrecen las criptomonedas también son atractivas para muchos.

Es importante destacar que, aunque las criptomonedas han ganado popularidad en la última década, su adopción todavía se encuentra en una fase inicial. A pesar de que algunos minoristas y empresas han comenzado a aceptar criptomonedas como medio de pago, la mayoría de las personas todavía las ven como una inversión especulativa en lugar de una alternativa viable a las monedas tradicionales.

En el próximo capítulo, exploraremos los diferentes tipos de criptomonedas que existen, sus características y usos, así como los factores que afectan sus precios y la forma en que se negocian.

Además de las criptomonedas más conocidas como Bitcoin, Ethereum y Litecoin, existen miles de otras criptomonedas que han surgido en los últimos años. Cada criptomoneda tiene su propio conjunto de características y usos, y es importante comprender las diferencias entre ellas al considerar una inversión en criptomonedas.

Algunas criptomonedas están diseñadas específicamente para ser utilizadas como medio de intercambio, mientras que otras están destinadas a ser utilizadas en aplicaciones específicas, como contratos inteligentes y almacenamiento en la nube descentralizado. Algunas criptomonedas incluso tienen características únicas, como la privacidad mejorada, la escalabilidad mejorada y la capacidad de ser utilizadas en aplicaciones de juegos.

Además de sus características y usos, es importante considerar los factores que afectan los precios de las criptomonedas. La oferta y la demanda son factores clave que pueden influir en el precio de una criptomoneda. Si hay una gran demanda de una criptomoneda y una oferta limitada, el precio aumentará. Por otro lado, si la oferta supera la demanda, el precio de la criptomoneda puede caer.

Además de la oferta y la demanda, otros factores que pueden afectar el precio de una criptomoneda incluyen la regulación gubernamental, la adopción de la tecnología blockchain, las noticias y los eventos de la industria, y los avances en la tecnología de criptomonedas.

La forma en que se negocian las criptomonedas también es importante tener en cuenta al considerar una inversión.

Las criptomonedas se negocian en mercados descentralizados conocidos como exchanges, donde los inversores pueden comprar y vender criptomonedas en función de su precio en el mercado. Es importante investigar y elegir cuidadosamente un exchange confiable y seguro antes de comenzar a invertir en criptomonedas.

En conclusión, mientras que las criptomonedas han ganado popularidad en la última década, todavía se encuentran en una fase temprana de adopción y existen muchas criptomonedas diferentes con características y usos únicos. Es importante comprender los factores que afectan el precio de las criptomonedas y la forma en que se negocian antes de considerar una inversión. En el próximo capítulo, profundizaremos en los diferentes tipos de criptomonedas y sus características específicas.

CAPÍTULO II
POR QUÉ INVERTIR EN CRIPTOMONEDAS

Las criptomonedas han sido objeto de controversia y debate desde su creación, pero a medida que su popularidad ha aumentado, también lo ha hecho el interés de los inversores. Si bien hay riesgos asociados con la inversión en criptomonedas, también hay una serie de factores que pueden hacer que sea una opción atractiva para los inversores, incluyendo su potencial de ganancias y accesibilidad.

Potencial de ganancias

Uno de los principales atractivos de la inversión en criptomonedas es su potencial de ganancias significativas en poco tiempo. Históricamente, algunas criptomonedas han experimentado un crecimiento exponencial en sus precios en un corto período de tiempo. Por ejemplo, en 2017, el precio del Bitcoin aumentó de alrededor de $1,000 a casi $20,000 en cuestión de meses.

Si bien no se puede garantizar que se produzcan ganancias similares en el futuro, algunos analistas creen que las criptomonedas aún tienen un gran potencial de crecimiento. Por ejemplo, algunos argumentan que la adopción de la criptomoneda a nivel global es aún muy baja, lo que significa que todavía hay una gran oportunidad para el crecimiento del mercado.

Además, la volatilidad del mercado criptográfico puede presentar oportunidades para los inversores experimentados. Si se comprenden los factores que afectan los precios de las criptomonedas, es posible comprar y vender en el momento adecuado para obtener ganancias.

Accesibilidad

Otro factor que hace que la inversión en criptomonedas sea atractiva es su accesibilidad. A diferencia de otras inversiones tradicionales, como la inversión en acciones o bienes raíces, la inversión en criptomonedas no requiere una gran cantidad de capital inicial. Es posible comenzar a invertir con tan solo unos pocos dólares.

Además, la inversión en criptomonedas también es accesible en términos de tecnología. Cualquier persona con acceso a Internet puede invertir en criptomonedas utilizando una plataforma de intercambio. Esto significa que no se requiere conocimientos técnicos especiales para comenzar a invertir.

Diversificación de la cartera

Otra razón por la cual los inversores pueden estar interesados en las criptomonedas es su capacidad para diversificar su cartera. La inversión en criptomonedas puede considerarse una inversión alternativa, lo que significa que no está correlacionada con los movimientos de los mercados financieros tradicionales, como el mercado de valores.

Diversificar la cartera con inversiones alternativas puede ayudar a reducir el riesgo total de la cartera. Si bien es cierto que la inversión en criptomonedas conlleva riesgos propios, puede proporcionar una fuente de diversificación para los inversores que buscan reducir su exposición a los riesgos del mercado tradicional.

Descentralización

La descentralización es otra característica de las criptomonedas que puede ser atractiva para los inversores. A diferencia de las monedas tradicionales, las criptomonedas no están controladas por un banco central o un gobierno.

En cambio, son creadas y mantenidas por una red descentralizada de usuarios.

Para algunos inversores, la descentralización es una característica positiva porque reduce la interferencia gubernamental y la manipulación del mercado. En un mundo donde la confianza en las instituciones financieras se ha visto afectada por crisis económicas y escándalos financieros, la idea de una moneda que no esté sujeta al control gubernamental o corporativo puede ser atractiva.

Privacidad

Otra característica de las criptomonedas que atrae a algunos inversores es su privacidad. A diferencia de las transacciones con tarjeta de crédito o débito, que dejan un rastro digital que puede ser rastreado, las transacciones con criptomonedas son anónimas. Esto significa que la privacidad financiera del usuario está protegida.

Si bien esto puede ser atractivo para algunos inversores, también puede ser una preocupación para otros, especialmente en términos de cumplimiento normativo y prevención del lavado de dinero. Es importante tener en cuenta que algunas criptomonedas, como Monero y Zcash, ofrecen un mayor nivel de privacidad que otras, como Bitcoin.

Seguridad

La seguridad es otra característica que puede hacer que la inversión en criptomonedas sea atractiva para los inversores. A diferencia de las transacciones con tarjeta de crédito o débito, que están sujetas a fraude y robo de identidad, las transacciones con criptomonedas son seguras debido a la tecnología de cifrado que utilizan.

Además, las criptomonedas también ofrecen seguridad en términos de propiedad. Cuando se adquiere una criptomoneda, se obtiene un código único que representa la propiedad de esa moneda en la cadena de bloques. Esta propiedad no puede ser robada, confiscada o congelada por un tercero.

Desventajas de la inversión en criptomonedas

Si bien la inversión en criptomonedas puede presentar oportunidades de ganancias significativas, también hay riesgos asociados con ella. Algunas de las principales desventajas de la inversión en criptomonedas incluyen:

Volatilidad: el mercado criptográfico es altamente volátil, lo que significa que los precios pueden fluctuar significativamente en un corto período de tiempo. Esto puede hacer que sea difícil predecir el valor futuro de una criptomoneda.

Falta de regulación: a diferencia de las inversiones tradicionales, las criptomonedas no están reguladas por ningún gobierno o entidad financiera. Esto significa que no hay protecciones legales para los inversores en caso de fraude o robo.

Riesgo de seguridad: si bien la tecnología de cifrado utilizada por las criptomonedas ofrece seguridad en las transacciones, también hay riesgos asociados con el almacenamiento de criptomonedas. Si las claves privadas de una cartera de criptomonedas son robadas o perdidas, se pierde el acceso a las monedas.

Escasez de información: debido a la novedad de las criptomonedas, puede ser difícil encontrar información y análisis fiables y precisos sobre el mercado criptográfico.

Conclusiones

En resumen, la inversión en criptomonedas puede ser una opción atractiva para los inversores que buscan diversificar su cartera y aprovechar el potencial de ganancias significativas. Sin embargo, también hay riesgos asociados con la inversión en criptomonedas, incluyendo la volatilidad del mercado, la falta de regulación y los riesgos de seguridad.

Es importante que los inversores comprendan los riesgos y beneficios asociados con la inversión en criptomonedas antes de tomar una decisión de inversión. La investigación y la educación son clave para comprender mejor el mercado criptográfico y tomar decisiones de inversión informadas.

Además, es importante tener en cuenta que la inversión en criptomonedas no es adecuada para todos los inversores. Los inversores deben considerar su perfil de inversión, sus objetivos financieros y su tolerancia al riesgo antes de decidir si la inversión en criptomonedas es adecuada para ellos.

En conclusión, la inversión en criptomonedas presenta oportunidades y riesgos para los inversores. Mientras que la tecnología blockchain y la privacidad financiera pueden ser atractivas, la volatilidad del mercado, la falta de regulación y los riesgos de seguridad deben ser cuidadosamente considerados. Los inversores deben ser conscientes de los riesgos y beneficios de la inversión en criptomonedas y tomar decisiones informadas basadas en su perfil de inversión y objetivos financieros.

Uno de los principales beneficios de la inversión en criptomonedas es su potencial de ganancias significativas. El mercado criptográfico ha demostrado ser altamente volátil, lo que significa que los precios pueden fluctuar rápidamente. Esto ofrece la oportunidad para los inversores de obtener grandes ganancias en un corto período de tiempo. Además, algunas criptomonedas han experimentado un crecimiento significativo en su valor a lo largo del tiempo. Por ejemplo, en 2010, el valor de Bitcoin era de unos pocos centavos de dólar, mientras que en diciembre de 2021, alcanzó un máximo histórico de más de $64,000.

Otro beneficio de la inversión en criptomonedas es su accesibilidad. A diferencia de las inversiones tradicionales, no se requiere una gran cantidad de capital para invertir en criptomonedas. Los inversores pueden comenzar a invertir en criptomonedas con tan solo unos pocos dólares. Además, el proceso de inversión es fácil y rápido, lo que significa que cualquier persona puede invertir en criptomonedas sin la necesidad de experiencia financiera previa.

La privacidad financiera es otra ventaja que ofrece la inversión en criptomonedas. A diferencia de las transacciones con tarjeta de crédito o débito, las transacciones con criptomonedas son anónimas. Esto significa que la privacidad financiera del usuario está protegida. Algunas criptomonedas, como Monero y Zcash, ofrecen un mayor nivel de privacidad que otras, como Bitcoin. La privacidad financiera es una preocupación importante para muchos inversores, especialmente aquellos que buscan proteger su información financiera y su privacidad.

La tecnología de cifrado que se utiliza en las transacciones con criptomonedas también es una ventaja. A diferencia de las transacciones con tarjeta de crédito o débito, las transacciones con criptomonedas son seguras debido a la tecnología de cifrado que utilizan. Esta tecnología ofrece un mayor nivel de seguridad en las transacciones financieras y protege la propiedad de la criptomoneda. Cuando se adquiere una criptomoneda, se obtiene un código único que representa la propiedad de esa moneda en la cadena de bloques. Esta propiedad no puede ser robada, confiscada o congelada por un tercero.

Otro beneficio de la inversión en criptomonedas es su flexibilidad. A diferencia de las inversiones tradicionales, las criptomonedas se pueden negociar en cualquier momento y en cualquier lugar. Además, los inversores pueden optar por mantener las criptomonedas a largo plazo o negociarlas a corto plazo. Esto significa que los inversores tienen la flexibilidad de tomar decisiones de inversión informadas basadas en sus objetivos financieros y su tolerancia al riesgo.

La inversión en criptomonedas también es beneficiosa debido a la tecnología blockchain en la que se basa. La tecnología blockchain es un libro mayor digital que registra todas las transacciones de criptomonedas.

CAPÍTULO III
LOS DIFERENTES TIPOS DE CRIPTOMONEDAS

Desde la creación de Bitcoin en 2009, se han creado muchas otras criptomonedas, cada una con características y propósitos únicos. En este capítulo, discutiremos los diferentes tipos de criptomonedas disponibles en el mercado y sus características distintivas.

Bitcoin (BTC)

Bitcoin fue la primera criptomoneda creada y es la más conocida y utilizada en la actualidad. Fue creada en 2009 por un programador anónimo (o grupo de programadores) bajo el seudónimo de Satoshi Nakamoto. Bitcoin es una moneda digital descentralizada que utiliza la tecnología de blockchain para registrar y verificar transacciones. Las transacciones de Bitcoin son anónimas y no están sujetas a regulaciones gubernamentales o corporativas.

Bitcoin se considera una inversión de alto riesgo debido a su volatilidad y a la falta de regulación. Sin embargo, algunos inversores ven a Bitcoin como una forma de diversificar su cartera y aprovechar el potencial de ganancias significativas.

Ethereum (ETH)

Ethereum es una criptomoneda descentralizada que fue creada en 2015 por Vitalik Buterin.

A diferencia de Bitcoin, Ethereum no solo es una moneda digital, sino también una plataforma para aplicaciones descentralizadas (DApps). Los DApps son aplicaciones que se ejecutan en una red blockchain y no están sujetas a la censura o control de ninguna entidad central.

Ethereum utiliza un lenguaje de programación llamado Solidity para crear contratos inteligentes. Los contratos inteligentes son programas autónomos que se ejecutan en la blockchain de Ethereum y pueden ser utilizados para automatizar procesos empresariales y financieros. Ethereum también tiene su propia criptomoneda, Ether (ETH), que se utiliza para pagar las transacciones en la red Ethereum.

Litecoin (LTC)

Litecoin es una criptomoneda descentralizada creada en 2011 por Charlie Lee, un ex ingeniero de Google. Litecoin utiliza una tecnología similar a la de Bitcoin, pero con algunas mejoras. Una de las principales mejoras de Litecoin es su tiempo de bloqueo más rápido, lo que significa que las transacciones de Litecoin se procesan más rápidamente que las de Bitcoin. Además, el algoritmo de minería de Litecoin es diferente al de Bitcoin, lo que hace que la minería de Litecoin sea más accesible para las personas que no tienen acceso a la minería de Bitcoin.

Ripple (XRP)

Ripple es una criptomoneda que fue creada en 2012 por Ripple Labs. A diferencia de Bitcoin y otras criptomonedas, Ripple no utiliza la tecnología de blockchain. En su lugar, utiliza un protocolo de contabilidad distribuida llamado Ripple Protocol Consensus Algorithm (RPCA). Este protocolo permite transacciones rápidas y eficientes entre bancos y otras instituciones financieras.

Ripple se considera una criptomoneda centralizada, ya que Ripple Labs tiene un control significativo sobre la moneda y su uso. Sin embargo, esto también significa que Ripple es más estable que otras criptomonedas y puede ser atractivo para los inversores que buscan reducir su riesgo.

Bitcoin Cash (BCH)

Bitcoin Cash es una criptomoneda que se creó en 2017 como una bifurcación de Bitcoin. La principal diferencia entre Bitcoin y Bitcoin Cash es el tamaño de los bloques. Bitcoin Cash tiene bloques más grandes que Bitcoin, lo que significa que las transacciones se pueden procesar más rápidamente y a un costo menor. Esto hace que Bitcoin Cash sea más adecuado para transacciones diarias, en comparación con Bitcoin, que se considera más adecuado para la inversión a largo plazo.

Stellar (XLM)

Stellar es una criptomoneda que fue creada en 2014 por Jed McCaleb, uno de los fundadores de Ripple. Stellar utiliza una tecnología de contabilidad distribuida similar a la de Ripple, pero con algunas mejoras. Una de las principales mejoras de Stellar es su enfoque en la inclusión financiera y la eliminación de la pobreza.

Stellar se utiliza para transferencias de dinero transfronterizas y para la emisión de activos digitales, como bonos y acciones. Además, Stellar tiene una función única llamada "anclaje", que permite a los usuarios transferir cualquier moneda, incluyendo monedas fiduciarias, a través de la red Stellar.

Cardano (ADA)

Cardano es una criptomoneda creada en 2017 por Charles Hoskinson, uno de los cofundadores de Ethereum. Cardano utiliza un protocolo de prueba de participación (PoS) en lugar de un protocolo de prueba de trabajo (PoW), lo que significa que los usuarios pueden minar monedas sin la necesidad de hardware especializado.

Además, Cardano tiene una plataforma para aplicaciones descentralizadas llamada Cardano Settlement Layer (CSL) y una capa de computación llamada Cardano Computation Layer (CCL). Esto permite a los desarrolladores crear aplicaciones descentralizadas más complejas en la red Cardano.

Tether (USDT)

Tether es una criptomoneda que se creó en 2014 y está diseñada para ser una moneda estable que está respaldada por dólares estadounidenses. Esto significa que el valor de Tether se mantiene en una relación de 1:1 con el dólar estadounidense. Tether se utiliza principalmente como un medio para transferir fondos entre exchanges de criptomonedas, ya que permite a los usuarios cambiar criptomonedas por dólares estadounidenses sin la necesidad de una cuenta bancaria.

Binance Coin (BNB)

Binance Coin es una criptomoneda creada en 2017 por la casa de cambio de criptomonedas Binance. Binance Coin se utiliza para pagar las tarifas de transacción en la plataforma de Binance y también se puede utilizar para comprar otras criptomonedas en la plataforma.

Además, Binance Coin se puede utilizar para participar en ventas de tokens iniciales (ICO) en la plataforma Binance Launchpad. Los inversores que utilizan Binance Coin para participar en ICO pueden obtener descuentos en los tokens que compran.

EOS (EOS)

EOS es una criptomoneda creada en 2017 por Dan Larimer, uno de los fundadores de Bitshares y Steemit. EOS es una plataforma para aplicaciones descentralizadas que utiliza un protocolo de prueba de participación delegado (DPoS). Esto significa que los usuarios pueden votar por delegados para validar transacciones en la red EOS.

EOS se considera una plataforma de aplicaciones descentralizadas de alto rendimiento, ya que puede procesar hasta 100,000 transacciones por segundo. Esto la hace más adecuada para aplicaciones que requieren un alto rendimiento y una escalabilidad significativa.

Conclusiones

En conclusión, hay muchas criptomonedas disponibles en el mercado, cada una con sus características y usos únicos.

Bitcoin sigue siendo la criptomoneda más conocida y utilizada, pero otras criptomonedas como Ethereum, Ripple, Litecoin, Bitcoin Cash, Stellar, Cardano, Tether, Binance Coin y EOS también tienen un gran potencial.

Ethereum es conocida por su capacidad para ejecutar contratos inteligentes, lo que la hace muy atractiva para aplicaciones descentralizadas y tokens de utilidad. Ripple y Stellar se utilizan principalmente para transferencias de dinero transfronterizas y para la emisión de activos digitales. Litecoin y Bitcoin Cash están diseñadas para transacciones más rápidas y a un menor costo que Bitcoin.

Tether es una moneda estable respaldada por el dólar estadounidense, lo que la hace atractiva para aquellos que buscan evitar la volatilidad de otras criptomonedas. Binance Coin es utilizada para pagar tarifas en la plataforma de Binance y también para participar en ventas de tokens iniciales con descuentos. EOS es una plataforma de aplicaciones descentralizadas de alto rendimiento con un protocolo de prueba de participación delegado.

En general, cada criptomoneda tiene sus pros y sus contras, y los inversores y usuarios deben hacer su propia investigación antes de invertir en cualquier criptomoneda en particular.

CAPÍTULO IV
CÓMO COMPRAR CRIPTOMONEDAS

Las criptomonedas han ganado popularidad en los últimos años, y cada vez más personas están interesadas en comprarlas. Afortunadamente, hay muchas formas de comprar criptomonedas, desde intercambios en línea hasta cajeros automáticos de criptomonedas. En este capítulo, exploraremos algunas de las opciones más populares y cómo comprar criptomonedas.

Intercambios de criptomonedas en línea

Los intercambios de criptomonedas en línea son la forma más común de comprar criptomonedas. Estos intercambios permiten a los usuarios comprar y vender criptomonedas utilizando diferentes monedas fiduciarias. Algunos de los intercambios de criptomonedas en línea más populares incluyen:

Binance: Binance es uno de los intercambios de criptomonedas más grandes del mundo y ofrece una amplia variedad de criptomonedas para comprar y vender.

Coinbase: Coinbase es otro popular intercambio de criptomonedas que es fácil de usar para los principiantes. Coinbase también ofrece una billetera de criptomonedas en línea.

Kraken: Kraken es otro intercambio de criptomonedas popular que ofrece una amplia variedad de criptomonedas.

Kraken también tiene una billetera de criptomonedas en línea.

Bitstamp: Bitstamp es un intercambio de criptomonedas regulado y seguro que ofrece una variedad de criptomonedas populares para comprar y vender.

Cajeros automáticos de criptomonedas

Los cajeros automáticos de criptomonedas son una forma relativamente nueva de comprar criptomonedas. Estos cajeros automáticos permiten a los usuarios comprar criptomonedas utilizando efectivo o tarjetas de crédito y débito. Algunos de los proveedores de cajeros automáticos de criptomonedas más populares incluyen:

Coinme: Coinme es uno de los proveedores de cajeros automáticos de criptomonedas más grandes de Estados Unidos.

CoinFlip: CoinFlip es otro popular proveedor de cajeros automáticos de criptomonedas que se encuentra en muchos lugares de Estados Unidos.

Bitcoin Depot: Bitcoin Depot es otro proveedor de cajeros automáticos de criptomonedas que ofrece una amplia variedad de criptomonedas para comprar.

Peer-to-Peer (P2P)

Los intercambios de criptomonedas P2P permiten a los usuarios comprar y vender criptomonedas directamente entre sí sin un intermediario. Estos intercambios son una forma más descentralizada de comprar criptomonedas, pero también pueden ser más riesgosos. Algunos de los intercambios P2P más populares incluyen:

LocalBitcoins: LocalBitcoins es uno de los intercambios P2P más populares que permite a los usuarios comprar y vender criptomonedas en todo el mundo.

Paxful: Paxful es otro popular intercambio P2P que permite a los usuarios comprar y vender criptomonedas utilizando una variedad de métodos de pago.

Bisq: Bisq es un intercambio P2P descentralizado que es más seguro y privado que otros intercambios P2P.

Comprar criptomonedas en persona

También es posible comprar criptomonedas en persona a través de transacciones en efectivo, transferencias bancarias o mediante el uso de tarjetas de regalo. Algunas plataformas populares que facilitan la compra de criptomonedas en persona incluyen:

LocalCryptos: LocalCryptos es un mercado P2P que permite a los usuarios comprar y vender criptomonedas en persona, utilizando efectivo o transferencias bancarias.

Paxful: Paxful también permite a los usuarios comprar criptomonedas en persona utilizando una variedad de métodos de pago, incluyendo efectivo y transferencias bancarias.

Bitcoin ATMs: Los cajeros automáticos de Bitcoin también pueden utilizarse para comprar criptomonedas en persona. Estos cajeros automáticos están disponibles en varios lugares de todo el mundo y permiten a los usuarios comprar criptomonedas en efectivo o mediante tarjetas de débito o crédito.

Plataformas de trading

Las plataformas de trading son otra opción para comprar criptomonedas. Estas plataformas permiten a los usuarios especular sobre el precio de las criptomonedas y ganar dinero comprando y vendiendo criptomonedas en un mercado en constante cambio. Algunas plataformas populares de trading de criptomonedas incluyen:

eToro: eToro es una plataforma de trading social que permite a los usuarios comprar y vender criptomonedas, así como seguir a otros traders y copiar sus operaciones.

Plus500: Plus500 es otra plataforma popular de trading que permite a los usuarios especular sobre el precio de las criptomonedas sin poseerlas realmente.

Binance: Además de ser un intercambio de criptomonedas, Binance también ofrece una plataforma de trading que permite a los usuarios especular sobre el precio de las criptomonedas.

Conclusión

Hay muchas formas de comprar criptomonedas, y la opción adecuada dependerá de las necesidades y preferencias individuales. Los intercambios en línea son la forma más común de comprar criptomonedas, mientras que los cajeros automáticos de criptomonedas y los intercambios P2P son opciones más descentralizadas. La compra de criptomonedas en persona es una opción más limitada, pero puede ser útil para aquellos que prefieren las transacciones en efectivo. Por último, las plataformas de trading son una opción para aquellos que quieren especular sobre el precio de las criptomonedas sin poseerlas realmente.

Es importante tener en cuenta que, como con cualquier inversión, comprar criptomonedas conlleva riesgos y no es adecuado para todos los inversores. Antes de comprar criptomonedas, es importante investigar y comprender la tecnología y los riesgos asociados con ellas, así como también tener una estrategia clara y un plan de gestión de riesgos.

También es importante tener en cuenta las regulaciones y las leyes fiscales que pueden afectar la compra y el uso de criptomonedas en su país de residencia. En algunos países, las criptomonedas pueden estar prohibidas o restringidas, o pueden estar sujetas a impuestos y regulaciones específicas.

En resumen, la compra de criptomonedas puede ser una forma emocionante y potencialmente lucrativa de invertir, pero es importante hacer su propia investigación y comprender los riesgos y las regulaciones antes de tomar cualquier decisión de inversión.

CAPÍTULO V
CÓMO ALMACENAR CRIPTOMONEDAS

El almacenamiento seguro de criptomonedas es una parte crucial de la inversión en criptomonedas. Si bien las criptomonedas ofrecen muchas ventajas, también presentan riesgos únicos, como la posibilidad de hackeos o robos. Por lo tanto, es importante conocer las opciones disponibles para almacenar sus criptomonedas de manera segura. En este capítulo, discutiremos algunas opciones populares para almacenar criptomonedas y los pros y contras de cada una.

Carteras de hardware

Las carteras de hardware son dispositivos físicos que almacenan sus criptomonedas sin conexión a internet. Estos dispositivos se consideran una de las opciones más seguras para almacenar criptomonedas, ya que brindan un alto nivel de seguridad y protección contra hackeos y robos.

Las carteras de hardware suelen tener un precio entre $50 y $200 y se conectan a su computadora o dispositivo móvil a través de un cable USB. Algunas carteras de hardware populares incluyen Ledger Nano S, Ledger Nano X, Trezor One y Trezor Model T.

Una de las principales ventajas de las carteras de hardware es que mantienen las claves privadas de sus criptomonedas fuera de línea, lo que las hace inaccesibles para los hackers. Además, puede configurar una cartera de hardware en pocos minutos y transferir sus criptomonedas a ella.

Sin embargo, una desventaja de las carteras de hardware es que, si pierde o daña el dispositivo, puede perder el acceso a sus criptomonedas. También debe asegurarse de que el dispositivo esté actualizado y que las actualizaciones de seguridad estén instaladas regularmente para evitar posibles vulnerabilidades.

Carteras de software

Las carteras de software son aplicaciones que se descargan en su computadora o dispositivo móvil para almacenar sus criptomonedas. Estas carteras ofrecen una opción conveniente para almacenar criptomonedas, ya que se pueden acceder fácilmente desde cualquier lugar con una conexión a internet.

Sin embargo, las carteras de software son más vulnerables a los hackeos que las carteras de hardware, ya que están conectadas a internet. Si bien las carteras de software pueden ser seguras, los usuarios deben tomar precauciones adicionales para asegurarse de que sus claves privadas estén protegidas.

Algunas carteras de software populares incluyen Exodus, Electrum, MyEtherWallet y Jaxx.

Carteras en línea

Las carteras en línea son carteras de software que se ejecutan en un servidor remoto en lugar de en su propia computadora o dispositivo móvil. Las carteras en línea son una opción conveniente para almacenar criptomonedas, ya que se pueden acceder a ellas desde cualquier lugar con una conexión a internet.

Sin embargo, las carteras en línea son más vulnerables a los hackeos y, si el servidor remoto es hackeado, puede perder sus criptomonedas. Además, las carteras en línea a menudo tienen tarifas adicionales y no brindan a los usuarios el control total de sus claves privadas. Algunas carteras en línea populares incluyen Coinbase, Binance y Kraken.

Carteras de papel

Las carteras de papel son una opción segura y económica para almacenar criptomonedas. Las carteras de papel son piezas de papel que contienen información sobre sus claves privadas y direcciones públicas. Puede generar una cartera de papel sin conexión a internet y almacenarla en un lugar seguro.

Una de las ventajas de las carteras de papel es que no tienen conexión a internet, lo que significa que están a salvo de hackeos y robos en línea. Además, son una opción económica, ya que no requieren la compra de dispositivos costosos.

Sin embargo, las carteras de papel son vulnerables a la pérdida o daño físico. Si pierde la hoja de papel que contiene sus claves privadas, perderá el acceso a sus criptomonedas para siempre. Además, las carteras de papel no son tan convenientes como otras opciones de almacenamiento, ya que no se pueden acceder rápidamente y requieren cierta experiencia técnica para su uso.

En resumen, existen varias opciones disponibles para almacenar criptomonedas, cada una con sus propias ventajas y desventajas. Las carteras de hardware son una opción segura y conveniente, pero pueden ser costosas y están sujetas a la pérdida o daño del dispositivo. Las carteras de software ofrecen conveniencia y accesibilidad, pero son más vulnerables a los hackeos. Las carteras en línea son fáciles de usar, pero pueden tener tarifas adicionales y no brindan control total de las claves privadas. Las carteras de papel son económicas y seguras, pero requieren experiencia técnica y están sujetas a la pérdida o daño físico.

En última instancia, la elección de la mejor opción de almacenamiento para sus criptomonedas dependerá de sus necesidades individuales y preferencias de seguridad. Es importante investigar y entender completamente cada opción antes de tomar una decisión.

Además de las opciones de almacenamiento mencionadas, también existen opciones de almacenamiento combinadas, como carteras de hardware que pueden conectarse a una cartera de software para mayor conveniencia y accesibilidad.

Es importante tener en cuenta que, independientemente de la opción de almacenamiento elegida, es crucial seguir las mejores prácticas de seguridad para proteger sus criptomonedas. Algunas de estas prácticas incluyen mantener actualizado su software de cartera, usar autenticación de dos factores, crear copias de seguridad de sus claves privadas en un lugar seguro y no compartir sus claves privadas con nadie.

Además, es importante investigar y seleccionar cuidadosamente la plataforma de intercambio de criptomonedas en la que planea comprar y vender sus criptomonedas, ya que esto también puede afectar la seguridad de sus fondos.

En general, la seguridad de sus criptomonedas depende en gran medida de la responsabilidad y precaución que tome al elegir y utilizar una cartera de criptomonedas. Al seguir las mejores prácticas de seguridad y elegir una opción de almacenamiento adecuada para sus necesidades, puede proteger de manera efectiva sus fondos de criptomonedas.

Además de las mejores prácticas de seguridad mencionadas, hay algunas precauciones adicionales que puede tomar para aumentar la seguridad de sus criptomonedas. Una de ellas es evitar compartir información personal en línea, como su dirección de correo electrónico o su número de teléfono. Los delincuentes pueden usar esta información para realizar ataques de phishing y suplantación de identidad.

Otra precaución es tener cuidado al utilizar redes Wi-Fi públicas, ya que estas redes pueden ser inseguras y permitir que los atacantes intercepten su tráfico de Internet y accedan a sus datos. Es recomendable utilizar una red privada virtual (VPN) para encriptar su conexión a Internet y mantener segura su información.

También es importante tener en cuenta la posibilidad de perder su contraseña o clave privada. Si esto sucede, perderá el acceso a sus criptomonedas. Por lo tanto, es una buena práctica guardar varias copias de su clave privada en lugares seguros, como una caja fuerte o un lugar secreto. Además, puede utilizar un servicio de almacenamiento en frío, que mantiene su clave privada sin conexión a Internet, en un lugar seguro y protegido por múltiples capas de seguridad.

En resumen, mantener la seguridad de sus criptomonedas es una tarea importante y continua. Al seguir las mejores prácticas de seguridad, elegir cuidadosamente su plataforma de intercambio de criptomonedas y seleccionar una opción de almacenamiento adecuada, puede proteger de manera efectiva sus fondos. También es importante ser consciente de las amenazas en línea y tomar medidas para proteger su información personal y su conexión a Internet.

Además de las precauciones mencionadas, hay otras medidas que puede tomar para aumentar la seguridad de sus criptomonedas. Una de ellas es utilizar una dirección de criptomonedas única para cada transacción. Si utiliza la misma dirección para todas sus transacciones, los atacantes pueden rastrear su actividad y descubrir información personal sobre usted. Al utilizar direcciones únicas, puede aumentar la privacidad de sus transacciones y reducir la probabilidad de que su información personal sea comprometida.

Otra medida de seguridad importante es verificar siempre la dirección de envío antes de realizar una transacción. Los atacantes pueden crear direcciones de criptomonedas falsas y engañar a los usuarios para que les envíen criptomonedas. Por lo tanto, es crucial verificar la dirección de envío antes de enviar cualquier cantidad de criptomonedas. Puede hacerlo al copiar y pegar la dirección de envío en el campo de destino de su cartera de criptomonedas y verificar que sea la misma que la dirección que está esperando recibir.

Además, es importante mantenerse informado sobre las últimas amenazas de seguridad en el mundo de las criptomonedas. Los atacantes están constantemente desarrollando nuevas tácticas y técnicas para comprometer la seguridad de los usuarios de criptomonedas. Por lo tanto, es importante seguir fuentes confiables de noticias sobre criptomonedas y mantenerse actualizado sobre las últimas tendencias y amenazas de seguridad.

Otra medida de seguridad que puede tomar es diversificar sus inversiones en criptomonedas. Si coloca todos sus fondos en una sola criptomoneda, corre el riesgo de perder todo su dinero si esa moneda falla. En cambio, puede diversificar sus inversiones en varias criptomonedas diferentes para reducir el riesgo y aumentar la estabilidad de su cartera de criptomonedas.

Por último, es importante tener en cuenta que la seguridad de sus criptomonedas no solo depende de usted, sino también de las empresas y servicios con los que interactúa. Asegúrese de investigar cuidadosamente cualquier empresa o servicio antes de confiarles sus fondos. Verifique su reputación, seguridad y medidas de protección de datos antes de tomar una decisión.

En conclusión, la seguridad de sus criptomonedas es un tema importante y en constante evolución. Al seguir las mejores prácticas de seguridad, tomar precauciones adicionales, mantenerse informado sobre las últimas amenazas y diversificar sus inversiones, puede proteger efectivamente sus fondos de criptomonedas.

CAPÍTULO VI
CÓMO ANALIZAR EL MERCADO DE CRIPTOMONEDAS

El mercado de criptomonedas es altamente volátil y complejo, lo que lo hace difícil de analizar. Sin embargo, hay varias herramientas y técnicas que los inversores pueden utilizar para obtener una mejor comprensión del mercado y tomar decisiones informadas sobre sus inversiones.

Análisis técnico

El análisis técnico implica el uso de gráficos y otras herramientas para identificar patrones y tendencias en el mercado. Los analistas técnicos utilizan indicadores, como promedios móviles, líneas de tendencia y niveles de soporte y resistencia, para evaluar la dirección del mercado y predecir futuros movimientos de precios. El análisis técnico se basa en la idea de que la historia se repite y que los patrones que se han producido en el pasado pueden repetirse en el futuro. Si bien el análisis técnico puede ser útil para identificar oportunidades de inversión, también tiene limitaciones y no siempre es preciso.

Análisis fundamental

El análisis fundamental implica evaluar la salud financiera y la perspectiva a largo plazo de una criptomoneda. Los analistas fundamentales examinan factores como el equipo de desarrollo, el modelo de negocio, la competencia y las perspectivas de adopción para determinar el valor intrínseco de una criptomoneda. Si bien el análisis fundamental puede ser útil para identificar criptomonedas subvaloradas o sobrevaloradas, también puede ser difícil de realizar debido a la falta de datos confiables y la naturaleza en evolución del mercado de criptomonedas.

Análisis de sentimiento

El análisis de sentimiento implica el seguimiento de la opinión del mercado y la percepción del público sobre una criptomoneda. Los analistas de sentimiento utilizan herramientas como el análisis de medios sociales y la búsqueda de noticias para evaluar el sentimiento del mercado y predecir futuros movimientos de precios. Si bien el análisis de sentimiento puede ser útil para identificar tendencias emergentes en el mercado, también puede estar sujeto a sesgos y errores.

Análisis de intercambio

El análisis de intercambio implica el seguimiento del volumen y la actividad de intercambio en los mercados de criptomonedas. Los analistas de intercambio utilizan herramientas como el seguimiento de volumen y el análisis de órdenes para evaluar la demanda del mercado y predecir futuros movimientos de precios. Si bien el análisis de intercambio puede ser útil para identificar cambios en la demanda del mercado, también puede ser difícil de realizar debido a la falta de datos confiables y la naturaleza en evolución del mercado de criptomonedas.

Es importante recordar que ninguna herramienta o técnica de análisis es infalible y que el mercado de criptomonedas es altamente volátil y complejo. Los inversores deben utilizar una variedad de herramientas y técnicas para obtener una comprensión completa del mercado y tomar decisiones informadas sobre sus inversiones.

Además de las herramientas y técnicas de análisis de mercado, hay algunos indicadores clave que los inversores pueden utilizar para evaluar la salud y el rendimiento de una criptomoneda. Estos incluyen:

Capitalización de mercado

La capitalización de mercado se refiere al valor total de una criptomoneda. Es calculado multiplicando el precio de una mon eda por su suministro circulante. La capitalización de mercado es un indicador importante de la salud y el rendimiento de una criptomoneda, ya que refleja la demanda del mercado y la percepción de su valor. Las criptomonedas con una alta capitalización de mercado suelen ser consideradas como más estables y seguras, mientras que las criptomonedas con una capitalización de mercado más baja pueden ser más arriesgadas e impredecibles.

Volumen de operaciones

El volumen de operaciones se refiere a la cantidad de criptomonedas que se compran y venden en un intercambio durante un período de tiempo específico. El volumen de operaciones es un indicador clave de la demanda del mercado y puede ser utilizado para evaluar la liquidez y la actividad de una criptomoneda. Las criptomonedas con un alto volumen de operaciones suelen tener una mayor liquidez y una actividad comercial más robusta.

Dominancia del mercado

La dominancia del mercado se refiere a la proporción de la capitalización de mercado total de las criptomonedas que se compone de una criptomoneda en particular. Por ejemplo, si Bitcoin representa el 60% de la capitalización de mercado total de las criptomonedas, su dominancia de mercado sería del 60%. La dominancia del mercado es un indicador importante de la posición de una criptomoneda en el mercado y su nivel de influencia.

Conclusión

El análisis de mercado es una parte importante de la inversión en criptomonedas. Los inversores deben utilizar una variedad de herramientas y técnicas para obtener una comprensión completa del mercado y tomar decisiones informadas sobre sus inversiones.

Si bien el mercado de criptomonedas puede ser altamente volátil y complejo, los inversores pueden utilizar indicadores clave, como la capitalización de mercado, el volumen de operaciones y la dominancia del mercado, para evaluar la salud y el rendimiento de una criptomoneda.

En resumen, la inversión en criptomonedas puede ser una forma emocionante y potencialmente lucrativa de invertir su dinero, pero también es un mercado complejo y volátil que requiere una comprensión completa para tomar decisiones informadas. El análisis del mercado de criptomonedas se basa en varios indicadores clave, incluyendo la capitalización de mercado, el volumen de operaciones y la dominancia del mercado, que pueden proporcionar información valiosa para los inversores.

Es importante tener en cuenta que, al igual que con cualquier inversión, hay riesgos involucrados en la inversión en criptomonedas. La volatilidad del mercado puede hacer que los precios fluctúen rápidamente y que los inversores pierdan dinero. Por lo tanto, es esencial que los inversores realicen una investigación exhaustiva y obtengan asesoramiento financiero antes de tomar cualquier decisión de inversión.

Además, los inversores deben ser conscientes de los riesgos de seguridad asociados con la inversión en criptomonedas. Las criptomonedas se almacenan en billeteras digitales que pueden ser vulnerables a ataques cibernéticos, y las transacciones pueden ser irrevocables una vez realizadas. Es esencial que los inversores tomen medidas de seguridad apropiadas para proteger su inversión y minimizar el riesgo de pérdida.

En resumen, el mercado de criptomonedas es un campo en evolución constante y fascinante, pero los inversores deben ser cautelosos y educados antes de invertir su dinero en cualquier criptomoneda. Con un enfoque cuidadoso y una comprensión sólida del mercado, los inversores pueden tomar decisiones informadas y aprovechar las oportunidades potenciales de inversión en criptomonedas.

CAPÍTULO VII
CÓMO ELEGIR LAS CRIPTOMONEDAS ADECUADAS PARA INVERTIR

A medida que el mercado de criptomonedas continúa creciendo y evolucionando, puede resultar abrumador para los inversores determinar qué criptomonedas son las más adecuadas para su cartera. En este capítulo, se proporcionarán algunos consejos útiles para evaluar las criptomonedas y elegir aquellas que se adapten mejor a sus objetivos de inversión.

1 Comprender la tecnología subyacente

Antes de invertir en cualquier criptomoneda, es esencial comprender la tecnología subyacente que la respalda. Por ejemplo, Bitcoin es una criptomoneda basada en la tecnología blockchain, que se utiliza para registrar y verificar las transacciones. Ethereum, por otro lado, es una plataforma blockchain que permite a los desarrolladores crear y ejecutar aplicaciones descentralizadas. Es importante tener una comprensión sólida de la tecnología subyacente de una criptomoneda antes de invertir en ella, ya que esto le ayudará a comprender mejor su valor y potencial a largo plazo.

2 Investigar la empresa o equipo detrás de la criptomoneda

Además de comprender la tecnología subyacente, es importante investigar la empresa o equipo detrás de la criptomoneda.

¿Quiénes son los fundadores? ¿Tienen experiencia en la industria? ¿Han creado otras criptomonedas exitosas en el pasado? Estas son algunas de las preguntas que debe hacer antes de invertir en una criptomoneda. Una empresa sólida con un equipo experimentado puede aumentar la confianza en una criptomoneda y su potencial de éxito.

3 Evaluar la capitalización de mercado y el volumen de operaciones

La capitalización de mercado y el volumen de operaciones son indicadores importantes del rendimiento y la demanda de una criptomoneda. Como se discutió anteriormente, una capitalización de mercado alta y un volumen de operaciones elevado suelen indicar una mayor estabilidad y liquidez de la criptomoneda. Por lo tanto, es importante evaluar estos indicadores antes de tomar una decisión de inversión.

4 Considerar la utilidad de la criptomoneda

Una criptomoneda con una utilidad clara y definida es más probable que tenga éxito a largo plazo que una que no la tenga. Por ejemplo, algunas criptomonedas se utilizan para realizar transacciones rápidas y económicas en todo el mundo, mientras que otras se utilizan para almacenar y transferir valor. Antes de invertir en una criptomoneda, es importante comprender su utilidad y cómo se puede utilizar en el mundo real.

5 Tener una estrategia de inversión clara

Finalmente, es esencial tener una estrategia de inversión clara antes de invertir en cualquier criptomoneda. ¿Cuál es su objetivo de inversión? ¿Está buscando una inversión a largo plazo o una inversión más especulativa a corto plazo? ¿Está dispuesto a asumir un mayor riesgo para obtener una mayor recompensa? Estas son algunas de las preguntas que debe responder antes de tomar una decisión de inversión. Tener una estrategia de inversión clara le ayudará a tomar decisiones informadas y a evitar la toma de decisiones emocionales que pueden llevar a errores costosos.

En resumen, evaluar las criptomonedas y elegir aquellas que sean más adecuadas para su cartera requiere una combinación de investigación y análisis cuidadosos.

Es importante tener en cuenta la tecnología subyacente, el equipo detrás de la criptomoneda, la capitalización de mercado y el volumen de operaciones, la utilidad de la criptomoneda y su estrategia de inversión. Al evaluar estos factores, los inversores pueden tomar decisiones más informadas y aumentar sus posibilidades de éxito a largo plazo en el mercado de criptomonedas. A continuación, se detallan algunos consejos adicionales que pueden ayudar a los inversores a evaluar y elegir las criptomonedas adecuadas.

Observar las tendencias del mercado

El mercado de criptomonedas es muy volátil y puede cambiar rápidamente. Es importante mantenerse actualizado sobre las últimas tendencias del mercado y estar atento a las noticias y eventos que puedan afectar a las criptomonedas. Por ejemplo, el anuncio de una nueva asociación o adopción de una criptomoneda puede aumentar su valor. Por otro lado, las noticias negativas, como los ataques cibernéticos o las regulaciones gubernamentales, pueden tener un impacto negativo en el valor de una criptomoneda.

Diversificar su cartera

Al igual que con cualquier inversión, diversificar su cartera es esencial para reducir el riesgo. En lugar de invertir en una sola criptomoneda, es recomendable invertir en varias criptomonedas diferentes para mitigar el riesgo de pérdida debido a la volatilidad del mercado. Al diversificar su cartera, puede reducir el riesgo y aumentar sus posibilidades de éxito a largo plazo.

Seguir una estrategia de compra y venta

Para tener éxito en el mercado de criptomonedas, es importante tener una estrategia clara de compra y venta. Algunos inversores prefieren comprar y mantener a largo plazo, mientras que otros prefieren el trading activo y especulativo.

Independientemente de su enfoque, es importante tener una estrategia clara para comprar y vender criptomonedas en momentos específicos. Por ejemplo, algunos inversores prefieren comprar en momentos de baja y vender en momentos de alta, mientras que otros prefieren comprar en momentos específicos, como durante los lanzamientos de nuevas criptomonedas.

Consultar a expertos en el campo

Si no está seguro de cómo evaluar las criptomonedas o elegir las más adecuadas para su cartera, puede ser útil buscar la orientación de expertos en el campo. Hay muchos analistas financieros, inversores y profesionales de la industria que pueden proporcionar información y recomendaciones sobre las criptomonedas. También puede unirse a grupos de discusión y comunidades en línea para obtener opiniones y perspectivas de otros inversores.

En conclusión, el mercado de criptomonedas ofrece muchas oportunidades para los inversores, pero también presenta riesgos significativos. Al evaluar cuidadosamente las criptomonedas y elegir aquellas que se adapten mejor a sus objetivos de inversión, puede aumentar sus posibilidades de éxito a largo plazo. Es esencial mantenerse informado sobre las últimas tendencias del mercado y tener una estrategia de inversión clara y bien definida. Al diversificar su cartera y seguir una estrategia de compra y venta sólida, puede aprovechar al máximo el potencial del mercado de criptomonedas. También es importante recordar que el mercado de criptomonedas es muy volátil y que los precios pueden cambiar rápidamente. Por lo tanto, es esencial ser paciente y tomar decisiones informadas y bien pensadas antes de realizar cualquier inversión en criptomonedas. Además, siempre es recomendable investigar y comprender la tecnología subyacente de una criptomoneda antes de invertir en ella, ya que esto puede ayudar a comprender mejor su valor y potencial a largo plazo en el mercado. En resumen, invertir en criptomonedas puede ser una forma emocionante y rentable de diversificar su cartera, siempre y cuando se haga con prudencia y estrategia.

CAPÍTULO VIII
CÓMO DIVERSIFICAR SU CARTERA DE CRIPTOMONEDAS

Diversificar su cartera de criptomonedas es crucial para reducir el riesgo de pérdida y maximizar su rentabilidad a largo plazo. Como se mencionó en capítulos anteriores, el mercado de criptomonedas es altamente volátil y puede cambiar rápidamente. Por lo tanto, es esencial tener una cartera bien diversificada que incluya una variedad de criptomonedas.

¿Por qué es importante diversificar su cartera de criptomonedas?

Diversificar su cartera de criptomonedas es importante por varias razones. En primer lugar, ayuda a reducir el riesgo de pérdida. Al invertir en varias criptomonedas diferentes, está diversificando su inversión y reduciendo el riesgo de pérdida debido a la volatilidad del mercado. Si una criptomoneda sufre una caída en su valor, no perderá todo su dinero porque tiene otras criptomonedas en su cartera que pueden estar en alza.

Además, la diversificación de su cartera de criptomonedas también puede ayudarlo a maximizar sus ganancias. Al tener una variedad de criptomonedas en su cartera, tiene más oportunidades de obtener ganancias y reducir las posibles pérdidas.

Mejores prácticas para diversificar su cartera de criptomonedas

1 Invertir en diferentes criptomonedas: Es esencial invertir en diferentes criptomonedas para diversificar su cartera. Por ejemplo, en lugar de invertir solo en Bitcoin, puede invertir en Ethereum, Litecoin, Ripple y otras criptomonedas. Al invertir en diferentes criptomonedas, está diversificando su cartera y reduciendo el riesgo.

2 Invertir en diferentes categorías de criptomonedas: Las criptomonedas se pueden dividir en diferentes categorías según su uso. Algunas criptomonedas son utilizadas para pagos, mientras que otras se utilizan para la creación de contratos inteligentes. También hay criptomonedas que se centran en la privacidad y la seguridad. Al invertir en diferentes categorías de criptomonedas, está diversificando su cartera y reduciendo el riesgo.

3 Invertir en diferentes sectores de la industria: La industria de las criptomonedas es muy diversa y hay muchas oportunidades en diferentes sectores. Por ejemplo, puede invertir en criptomonedas que se centran en el sector de la banca y las finanzas, el sector de la salud o el sector de la energía. Al invertir en diferentes sectores de la industria, está diversificando su cartera y reduciendo el riesgo.

4 Equilibrar su cartera: Es importante equilibrar su cartera de criptomonedas para reducir el riesgo. No debe invertir demasiado en una sola criptomoneda. Por ejemplo, si tiene una cartera de diez criptomonedas, no debe invertir más del 20% en una sola criptomoneda. Al equilibrar su cartera, está reduciendo el riesgo y aumentando sus posibilidades de éxito a largo plazo.

5 Actualizar regularmente su cartera: El mercado de criptomonedas es muy volátil y puede cambiar rápidamente. Por lo tanto, es importante actualizar regularmente su cartera y agregar o eliminar criptomonedas según sea necesario. Al actualizar regularmente su cartera, puede asegurarse de que está al día con las tendencias del mercado y de que su cartera sigue siendo diversa y equilibrada.

Invertir en criptomonedas establecidas y emergentes: Es importante invertir tanto en criptomonedas establecidas como en emergentes para diversificar su cartera.

Las criptomonedas establecidas, como Bitcoin y Ethereum, tienen una base sólida y una gran comunidad de usuarios, lo que las hace menos volátiles que las criptomonedas emergentes. Sin embargo, las criptomonedas emergentes también tienen un gran potencial de crecimiento y pueden proporcionar grandes ganancias a largo plazo.

Considerar el uso de un índice de criptomonedas: Los índices de criptomonedas son una forma de invertir en una cartera diversificada de criptomonedas sin tener que investigar y comprar cada criptomoneda individualmente. Al invertir en un índice de criptomonedas, está invirtiendo en una variedad de criptomonedas seleccionadas por expertos en la industria. Los índices de criptomonedas son una buena opción para los inversores que desean diversificar su cartera pero que no tienen el tiempo o el conocimiento para investigar y seleccionar cada criptomoneda individualmente.

Conclusión

La diversificación de su cartera de criptomonedas es crucial para reducir el riesgo y maximizar sus ganancias a largo plazo. Al invertir en diferentes criptomonedas, categorías de criptomonedas, sectores de la industria y equilibrar su cartera, puede reducir su exposición al riesgo y aumentar sus posibilidades de éxito. Además, es importante actualizar regularmente su cartera y considerar el uso de un índice de criptomonedas para diversificar su cartera de manera efectiva.

En resumen, la diversificación de su cartera de criptomonedas es esencial para reducir el riesgo y maximizar sus ganancias a largo plazo. Invertir en diferentes criptomonedas, categorías de criptomonedas y sectores de la industria puede ayudar a reducir la exposición al riesgo y aumentar las posibilidades de éxito. Es importante equilibrar su cartera y actualizarla regularmente para mantenerla al día con las tendencias del mercado. Además, los inversores pueden considerar el uso de un índice de criptomonedas para invertir en una cartera diversificada de criptomonedas sin tener que investigar y comprar cada criptomoneda individualmente. Al seguir estas prácticas, los inversores pueden maximizar sus posibilidades de éxito en el mercado de criptomonedas.

CAPÍTULO IX
CÓMO ESTABLECER UN PLAN DE INVERSIÓN EN CRIPTOMONEDAS

Establecer un plan de inversión en criptomonedas

Invertir en criptomonedas puede ser una tarea desafiante y complicada, especialmente si no se cuenta con un plan de inversión bien establecido. Sin embargo, tener un plan sólido puede ser la clave para lograr el éxito a largo plazo y minimizar el riesgo en la inversión en criptomonedas. A continuación, se presenta un marco para establecer un plan de inversión efectivo.

Paso 1: Establecer sus objetivos de inversión

El primer paso para establecer un plan de inversión en criptomonedas es establecer sus objetivos de inversión. ¿Está buscando invertir a largo plazo o a corto plazo? ¿Está buscando invertir en criptomonedas estables o en criptomonedas emergentes de alto riesgo? ¿Cuál es su presupuesto de inversión? Estas son solo algunas de las preguntas que debe hacerse antes de comenzar a invertir.

Es importante tener en cuenta que los objetivos de inversión pueden cambiar con el tiempo. Por lo tanto, es fundamental revisarlos regularmente y ajustar su plan de inversión en consecuencia.

Paso 2: Investigar y aprender sobre las criptomonedas

Antes de invertir en criptomonedas, es crucial que se tome el tiempo para investigar y aprender sobre ellas. Asegúrese de comprender cómo funcionan las criptomonedas, la tecnología blockchain en la que se basan y las diferentes categorías de criptomonedas. Además, es importante investigar las criptomonedas en las que está interesado y evaluar su potencial de crecimiento y su nivel de riesgo.

Paso 3: Establecer un presupuesto de inversión

Una vez que haya establecido sus objetivos de inversión y haya investigado las criptomonedas en las que está interesado, es importante establecer un presupuesto de inversión. Determine cuánto está dispuesto a invertir y asegúrese de no invertir más de lo que puede permitirse perder. Recuerde que la inversión en criptomonedas es muy volátil y puede haber fluctuaciones significativas en el precio en un corto período de tiempo.

Paso 4: Diversificar su cartera de criptomonedas

La diversificación es crucial en la inversión en criptomonedas. Al invertir en diferentes criptomonedas, categorías de criptomonedas y sectores de la industria, puede reducir su exposición al riesgo y aumentar sus posibilidades de éxito. Es importante establecer un porcentaje de su presupuesto de inversión para cada tipo de criptomoneda y ajustar su cartera en consecuencia.

Paso 5: Establecer una estrategia de compra y venta

Una vez que haya establecido su cartera de criptomonedas, es importante establecer una estrategia de compra y venta. Determine cuándo comprará y venderá cada criptomoneda y establezca límites de pérdidas y ganancias. Es importante tener en cuenta que las criptomonedas son muy volátiles y pueden fluctuar en precio en un corto período de tiempo. Por lo tanto, es fundamental establecer una estrategia de compra y venta sólida para minimizar el riesgo y maximizar sus ganancias a largo plazo.

Paso 6: Monitorear regularmente su cartera

Es importante monitorear regularmente su cartera de criptomonedas y realizar ajustes en su estrategia de inversión en consecuencia. Realice un seguimiento del rendimiento de cada criptomoneda en su cartera y revise su plan de inversión a medida que cambian sus objetivos y cambia el mercado. Es recomendable realizar una revisión trimestral de su cartera para asegurarse de que esté alineada con sus objetivos de inversión y para hacer ajustes necesarios.

Paso 7: Mantener una mentalidad a largo plazo

La inversión en criptomonedas requiere una mentalidad a largo plazo y una perspectiva estratégica. Es importante no dejarse llevar por la emoción del momento y tomar decisiones impulsivas en función de las fluctuaciones del mercado. En su lugar, mantenga un enfoque sólido y disciplinado en su estrategia de inversión a largo plazo.

Paso 8: Obtener asesoramiento profesional

Si bien es posible establecer un plan de inversión en criptomonedas por su cuenta, es recomendable obtener asesoramiento profesional de un experto en criptomonedas o un asesor financiero. Un asesor puede ayudarlo a evaluar su perfil de inversión, identificar oportunidades de inversión y hacer recomendaciones sobre la composición de su cartera. Además, un asesor también puede proporcionar orientación valiosa sobre cómo manejar el riesgo y minimizar las pérdidas.

En resumen, establecer un plan de inversión sólido es fundamental para lograr el éxito a largo plazo en la inversión en criptomonedas. Al seguir este marco, puede establecer objetivos de inversión claros, investigar y aprender sobre las criptomonedas, establecer un presupuesto de inversión, diversificar su cartera de criptomonedas, establecer una estrategia de compra y venta, monitorear regularmente su cartera, mantener una mentalidad a largo plazo y obtener asesoramiento profesional. Con un plan sólido y disciplina, puede tener éxito en la inversión en criptomonedas.

Es importante tener en cuenta que la inversión en criptomonedas es una actividad de alto riesgo y volatilidad, y por lo tanto, requiere un enfoque estratégico y disciplinado.

Al seguir los pasos que ha mencionado, los inversores pueden minimizar los riesgos y maximizar las oportunidades de inversión. Además, es importante recordar que la investigación y el aprendizaje continuo son fundamentales en el mundo de las criptomonedas, ya que el mercado y la tecnología están en constante evolución.

CAPÍTULO X
CÓMO SEGUIR EL RENDIMIENTO DE SU CARTERA DE CRIPTOMONEDAS

Una vez que ha establecido su cartera de criptomonedas y ha comenzado a invertir, es importante seguir el rendimiento de su inversión. La volatilidad del mercado de criptomonedas significa que los precios pueden fluctuar significativamente en un corto período de tiempo, por lo que monitorear regularmente su cartera es esencial para mantenerse informado y tomar decisiones informadas.

Aquí hay algunas herramientas y técnicas disponibles para ayudarlo a monitorear el rendimiento de su cartera de criptomonedas.

1 Aplicaciones de seguimiento de cartera de criptomonedas

Hay varias aplicaciones de seguimiento de cartera de criptomonedas disponibles que pueden ayudarlo a rastrear sus inversiones. Estas aplicaciones se integran con los principales intercambios de criptomonedas y le permiten ingresar sus inversiones y monitorear su rendimiento en tiempo real.

Algunas de las aplicaciones más populares incluyen Blockfolio, Delta y CoinTracking. Estas aplicaciones ofrecen una variedad de funciones, como alertas de precios, gráficos de precios históricos, noticias y análisis de mercado.

2 Sitios web de análisis de mercado de criptomonedas

Hay varios sitios web de análisis de mercado de criptomonedas que ofrecen información sobre el rendimiento del mercado de criptomonedas. Estos sitios web incluyen CoinMarketCap, CoinGecko y CryptoCompare.

Estos sitios web proporcionan información sobre el precio, el volumen y la capitalización de mercado de las principales criptomonedas. También ofrecen gráficos y herramientas de análisis técnico para ayudarlo a evaluar el rendimiento del mercado y tomar decisiones informadas.

3 Gráficos de precios de criptomonedas

Los gráficos de precios de criptomonedas son una herramienta valiosa para evaluar el rendimiento de una criptomoneda en particular. Puede encontrar gráficos de precios en varios sitios web de análisis de mercado, así como en las aplicaciones de seguimiento de cartera de criptomonedas.

Los gráficos de precios pueden proporcionar información sobre el precio histórico de una criptomoneda, así como sobre tendencias de precios y patrones técnicos. También pueden proporcionar información sobre el volumen de negociación y la capitalización de mercado de una criptomoneda.

4 Noticias y análisis de mercado

Las noticias y el análisis de mercado pueden ser una fuente valiosa de información sobre el rendimiento del mercado de criptomonedas. Puede encontrar noticias y análisis en varios sitios web de análisis de mercado, así como en aplicaciones de seguimiento de cartera de criptomonedas.

La lectura regular de noticias y análisis de mercado puede ayudarlo a mantenerse informado sobre eventos importantes que puedan afectar el rendimiento del mercado de criptomonedas. También puede ayudarlo a tomar decisiones informadas sobre cuándo comprar o vender criptomonedas.

5 Redes sociales

Las redes sociales pueden ser una fuente valiosa de información sobre el rendimiento del mercado de criptomonedas. Puede unirse a grupos de criptomonedas en plataformas como Facebook y Twitter para obtener información y opiniones de otros inversores en criptomonedas.

Sin embargo, es importante tener en cuenta que no toda la información que se encuentra en las redes sociales es confiable o precisa. Asegúrese de verificar la información con fuentes confiables antes de tomar cualquier decisión de inversión.

Conclusión

En resumen, hay varias herramientas y técnicas disponibles para monitorear el rendimiento de su cartera de criptomonedas. Las aplicaciones de seguimiento de cartera de criptomonedas, los sitios web de análisis de mercado, los gráficos de precios de criptomonedas, las noticias y análisis de mercado y las redes sociales son todas formas útiles de mantenerse informado sobre el rendimiento del mercado de criptomonedas y tomar decisiones informadas.

Es importante recordar que la volatilidad del mercado de criptomonedas significa que los precios pueden fluctuar significativamente en un corto período de tiempo. Por lo tanto, es esencial monitorear regularmente su cartera y estar preparado para ajustar su estrategia de inversión según las condiciones del mercado.

Además, es importante tener en cuenta que la inversión en criptomonedas conlleva riesgos y puede no ser adecuada para todos los inversores. Es esencial hacer una investigación adecuada y buscar asesoramiento financiero antes de tomar cualquier decisión de inversión en criptomonedas.

CAPÍTULO XI
CÓMO MINIMIZAR EL RIESGO DE INVERSIÓN EN CRIPTOMONEDAS

Invertir en criptomonedas puede ser una forma emocionante y lucrativa de obtener ganancias, pero también conlleva ciertos riesgos. La volatilidad del mercado de criptomonedas y la falta de regulación pueden hacer que los precios de las criptomonedas fluctúen rápidamente, lo que puede ser un problema para los inversores que no están preparados para enfrentar este tipo de volatilidad.

Afortunadamente, existen varias estrategias que los inversores pueden utilizar para minimizar el riesgo de invertir en criptomonedas.

Diversificación de la cartera

Una de las estrategias más efectivas para minimizar el riesgo en la inversión en criptomonedas es diversificar su cartera. En lugar de invertir en una sola criptomoneda, es recomendable invertir en varias criptomonedas diferentes para reducir el riesgo de una sola inversión. Al diversificar su cartera, puede reducir su exposición a la volatilidad del mercado y reducir el riesgo general de su inversión.

Además, también puede diversificar su cartera invirtiendo en diferentes tipos de criptomonedas, como monedas estables, criptomonedas de alto rendimiento y criptomonedas con un alto potencial de crecimiento. De esta manera, puede reducir el riesgo y maximizar el potencial de ganancias.

Gestión de riesgos

La gestión de riesgos es una técnica importante que los inversores pueden utilizar para minimizar el riesgo en la inversión en criptomonedas. Esto implica evaluar los riesgos asociados con una inversión en particular y tomar medidas para reducir el riesgo.

Una forma de gestionar el riesgo es establecer un límite en la cantidad de dinero que está dispuesto a perder en una inversión en particular. De esta manera, si el precio de la criptomoneda cae, su pérdida se limita a una cantidad específica que ha establecido previamente.

Otra forma de gestionar el riesgo es establecer una estrategia de stop-loss. Esto implica establecer un precio de venta automático para una criptomoneda en particular, de modo que si el precio cae por debajo de ese nivel, la criptomoneda se vende automáticamente. Esto puede ayudar a evitar grandes pérdidas si el precio de la criptomoneda cae repentinamente.

Análisis técnico y fundamental

El análisis técnico y fundamental puede ser una herramienta valiosa para minimizar el riesgo en la inversión en criptomonedas. El análisis técnico implica el uso de gráficos de precios y otros indicadores técnicos para evaluar el rendimiento de una criptomoneda. El análisis fundamental implica evaluar los factores económicos, políticos y sociales que pueden afectar el rendimiento de una criptomoneda.

Al utilizar el análisis técnico y fundamental, puede tomar decisiones informadas sobre cuándo comprar y vender criptomonedas. También puede ayudarlo a identificar oportunidades de inversión con un potencial de ganancias más alto y un riesgo más bajo.

Investigación de la criptomoneda

Otra forma importante de minimizar el riesgo en la inversión en criptomonedas es realizar una investigación exhaustiva sobre la criptomoneda en la que está interesado. Esto puede implicar investigar la tecnología detrás de la criptomoneda, la trayectoria del equipo de desarrollo, su historial de precios, su comunidad y cualquier noticia o evento que pueda afectar su valor.

La investigación de la criptomoneda también puede ayudarlo a identificar posibles fraudes y estafas. Desafortunadamente, hay muchos proyectos de criptomonedas fraudulentos que prometen grandes ganancias pero que en realidad son estafas.

Al realizar una investigación exhaustiva sobre una criptomoneda antes de invertir en ella, puede reducir significativamente el riesgo de caer en una estafa o de invertir en una criptomoneda que no tiene un futuro prometedor.

Mantenerse actualizado

El mercado de criptomonedas es muy dinámico y cambia rápidamente. Para minimizar el riesgo en la inversión en criptomonedas, es importante mantenerse actualizado sobre las últimas noticias y eventos que puedan afectar el mercado.

Esto puede incluir noticias sobre regulaciones gubernamentales, anuncios de grandes empresas que aceptan criptomonedas como forma de pago, hackeos a los intercambios de criptomonedas y cualquier otro evento que pueda afectar el valor de una criptomoneda en particular.

Mantenerse actualizado sobre las últimas noticias y eventos también puede ayudarlo a tomar decisiones informadas sobre cuándo comprar y vender criptomonedas, y cuándo mantenerse alejado del mercado.

Conclusión

La inversión en criptomonedas puede ser emocionante y lucrativa, pero también conlleva ciertos riesgos. La volatilidad del mercado de criptomonedas y la falta de regulación pueden hacer que los precios de las criptomonedas fluctúen rápidamente, lo que puede ser un problema para los inversores que no están preparados para enfrentar este tipo de volatilidad.

Sin embargo, existen varias estrategias que los inversores pueden utilizar para minimizar el riesgo en la inversión en criptomonedas.

Al diversificar su cartera, gestionar el riesgo, utilizar el análisis técnico y fundamental, investigar la criptomoneda y mantenerse actualizado sobre las últimas noticias y eventos del mercado, los inversores pueden reducir significativamente el riesgo de invertir en criptomonedas.

Al utilizar estas estrategias, los inversores pueden maximizar su potencial de ganancias mientras minimizan el riesgo de perder su inversión. Si está interesado en invertir en criptomonedas, asegúrese de hacer su investigación y estar preparado para enfrentar la volatilidad del mercado.

CAPÍTULO XII
CÓMO MANEJAR LA VOLATILIDAD DEL MERCADO DE CRIPTOMONEDAS

La volatilidad del mercado de criptomonedas es un hecho que los inversores deben enfrentar. La naturaleza cambiante del mercado hace que los precios de las criptomonedas suban y bajen rápidamente, lo que puede ser un desafío para los inversores. Sin embargo, existen varias estrategias que los inversores pueden utilizar para manejar la volatilidad del mercado de criptomonedas y tomar decisiones informadas.

Establecer objetivos y estrategias claras

Es importante que los inversores establezcan objetivos y estrategias claras antes de invertir en criptomonedas. Al establecer objetivos, los inversores pueden decidir cuánto están dispuestos a arriesgar y cuál es su objetivo de ganancias. Al establecer una estrategia clara, los inversores pueden decidir cómo manejarán la volatilidad del mercado de criptomonedas y qué medidas tomarán si los precios bajan.

Es importante tener en cuenta que la inversión en criptomonedas no es una carrera de velocidad, sino una maratón. Por lo tanto, es importante tener un plan a largo plazo y seguirlo cuidadosamente. Los inversores deben ser pacientes y no tomar decisiones precipitadas en respuesta a la volatilidad del mercado.

Diversificación de la cartera

Como se mencionó en el capítulo anterior, la diversificación de la cartera es una estrategia efectiva para minimizar el riesgo de invertir en criptomonedas. Al invertir en varias criptomonedas diferentes, los inversores pueden reducir su exposición a la volatilidad del mercado y reducir el riesgo general de su inversión.

Además, la diversificación también puede involucrar la inversión en diferentes tipos de activos, como monedas estables, tokens de utilidad, tokens de seguridad y criptomonedas de alto rendimiento. Esto puede ayudar a reducir el riesgo general y maximizar el potencial de ganancias.

Análisis técnico y fundamental

El análisis técnico y fundamental también puede ser útil para manejar la volatilidad del mercado de criptomonedas. Al utilizar el análisis técnico, los inversores pueden evaluar los patrones de precios y los indicadores técnicos para identificar las tendencias del mercado. Al utilizar el análisis fundamental, los inversores pueden evaluar los factores económicos, políticos y sociales que pueden afectar el rendimiento de una criptomoneda.

Es importante tener en cuenta que el análisis técnico y fundamental no garantiza el éxito en la inversión en criptomonedas. Sin embargo, pueden ayudar a los inversores a tomar decisiones informadas y a identificar oportunidades de inversión con un potencial de ganancias más alto y un riesgo más bajo.

No seguir a la multitud

Uno de los mayores errores que pueden cometer los inversores en criptomonedas es seguir a la multitud. Es común que los inversores se dejen llevar por el sentimiento del mercado y tomen decisiones impulsivas en respuesta a la volatilidad del mercado.

Sin embargo, seguir a la multitud puede llevar a decisiones precipitadas y a tomar decisiones que no están en línea con los objetivos y estrategias del inversor. Es importante que los inversores tomen sus propias decisiones basadas en una investigación exhaustiva y un análisis cuidadoso.

Mantener la calma en tiempos difíciles

La volatilidad del mercado de criptomonedas puede ser estresante para los inversores, especialmente cuando los precios caen de manera significativa. En estos momentos, es importante mantener la calma y no tomar decisiones impulsivas.

Los inversores deben recordar que la volatilidad del mercado es normal en el mundo de las criptomonedas y que los precios pueden cambiar rápidamente en ambas direcciones. Es importante tener en cuenta el panorama general y no dejarse llevar por la emoción del momento.

Además, los inversores también deben considerar la posibilidad de mantener sus inversiones a largo plazo. En la mayoría de los casos, las criptomonedas han experimentado una tendencia alcista a largo plazo, a pesar de las caídas a corto plazo. Mantener la inversión a largo plazo puede ayudar a los inversores a superar las fluctuaciones a corto plazo y alcanzar sus objetivos de inversión.

Establecer límites de pérdidas y ganancias

Los inversores también pueden establecer límites de pérdidas y ganancias para manejar la volatilidad del mercado de criptomonedas. Al establecer un límite de pérdidas, los inversores pueden decidir cuánto están dispuestos a perder antes de vender su inversión. Esto puede ayudar a limitar las pérdidas en caso de que los precios de las criptomonedas caigan significativamente.

Por otro lado, establecer un límite de ganancias puede ayudar a los inversores a asegurar sus ganancias y evitar la tentación de esperar demasiado para vender su inversión. Al establecer un límite de ganancias, los inversores pueden decidir cuánto quieren ganar y vender su inversión una vez que se alcance ese objetivo.

Conclusión

La volatilidad del mercado de criptomonedas puede ser un desafío para los inversores, pero existen varias estrategias que pueden ayudar a manejar la volatilidad y tomar decisiones informadas. Es importante establecer objetivos y estrategias claras, diversificar la cartera, utilizar el análisis técnico y fundamental, no seguir a la multitud, mantener la calma en tiempos difíciles y establecer límites de pérdidas y ganancias.

Al implementar estas estrategias, los inversores pueden reducir el riesgo y maximizar el potencial de ganancias en el mercado de criptomonedas. Es importante recordar que la inversión en criptomonedas conlleva un riesgo y que los inversores deben hacer su propia investigación y análisis antes de tomar decisiones de inversión.

Establecer objetivos claros, diversificar la cartera, utilizar el análisis técnico y fundamental, no seguir a la multitud y mantener la calma en tiempos difíciles son estrategias importantes para reducir el riesgo y maximizar el potencial de ganancias.

También es importante destacar la necesidad de hacer una investigación y análisis exhaustivos antes de tomar decisiones de inversión en criptomonedas, y recordar que este mercado conlleva un riesgo inherente. Establecer límites de pérdidas y ganancias puede ayudar a manejar la volatilidad del mercado y tomar decisiones informadas y calculadas.

En general, es importante tener en cuenta que la inversión en criptomonedas es un campo en constante evolución y cambios rápidos, por lo que es importante estar actualizado sobre las tendencias del mercado y adaptar las estrategias de inversión en consecuencia.

CAPÍTULO XIII
CÓMO IDENTIFICAR OPORTUNIDADES DE INVERSIÓN EN CRIPTOMONEDAS

1 Investigación de la criptomoneda: Antes de invertir en una criptomoneda, es importante investigarla a fondo. Los inversores deben revisar la historia de la criptomoneda, su tecnología, su equipo de desarrollo, su hoja de ruta y cualquier otra información relevante. La investigación puede ayudar a los inversores a determinar si la criptomoneda es una buena inversión a largo plazo.

2 Análisis técnico: El análisis técnico es el estudio de los movimientos de precios y los patrones en el gráfico de precios de una criptomoneda. Los inversores pueden utilizar el análisis técnico para identificar tendencias y patrones de precios que puedan sugerir oportunidades de inversión. Los indicadores técnicos, como las medias móviles, el índice de fuerza relativa (RSI) y el oscilador estocástico, son herramientas comunes utilizadas en el análisis técnico.

3 Análisis fundamental: El análisis fundamental es el estudio de factores que pueden afectar el valor de una criptomoneda, como su equipo de desarrollo, su tecnología, su competencia, su hoja de ruta, su modelo de negocio y otros factores macroeconómicos. El análisis fundamental puede ayudar a los inversores a determinar si una criptomoneda tiene un valor intrínseco y si es una buena inversión a largo plazo.

4 Investigación de la industria: Los inversores también deben investigar la industria en la que opera la criptomoneda. La investigación de la industria puede ayudar a los inversores a determinar si una criptomoneda tiene un potencial de crecimiento a largo plazo. Los inversores deben considerar factores como la adopción de la criptomoneda, la regulación gubernamental, la competencia y la innovación tecnológica.

5 Diversificación de la cartera: La diversificación de la cartera es una estrategia de inversión común que puede ayudar a los inversores a mitigar el riesgo. Al diversificar la cartera, los inversores pueden invertir en varias criptomonedas en lugar de apostar todo su dinero en una sola criptomoneda. La diversificación puede ayudar a reducir el riesgo y aumentar el potencial de ganancias.

6 Seguir las noticias: Los inversores también deben seguir las noticias relacionadas con la criptomoneda y la industria en general. Las noticias pueden proporcionar información importante sobre los cambios en la industria, como nuevas regulaciones gubernamentales, nuevas alianzas empresariales y nuevas tecnologías. Seguir las noticias puede ayudar a los inversores a tomar decisiones informadas sobre las oportunidades de inversión en criptomonedas.

7 Comprender el mercado: Los inversores también deben comprender el mercado de criptomonedas en general. El mercado de criptomonedas es altamente volátil y puede cambiar rápidamente en ambas direcciones. Los inversores deben estar preparados para enfrentar la volatilidad y tomar decisiones informadas en consecuencia.

8 Utilizar plataformas de inversión: Los inversores pueden utilizar plataformas de inversión en criptomonedas para identificar oportunidades de inversión. Las plataformas de inversión pueden proporcionar información detallada sobre criptomonedas específicas, incluidos los movimientos de precios, los análisis técnicos y los análisis fundamentales.

Además, muchas plataformas ofrecen herramientas de negociación y monitoreo en tiempo real para ayudar a los inversores a tomar decisiones informadas y oportunas.

Para extender aún más sobre el tema, se puede profundizar en cada una de estas técnicas de inversión y explorar cómo aplicarlas en diferentes contextos. Por ejemplo, en el caso de la investigación de la criptomoneda, se pueden explorar diferentes fuentes de información y estrategias para evaluar la calidad y relevancia de la información. Esto podría incluir la revisión de documentos técnicos, la participación en foros de discusión en línea, la consulta de fuentes de noticias especializadas en criptomonedas y la revisión de perfiles de redes sociales de los desarrolladores de la criptomoneda.

En el análisis técnico, se puede profundizar en la interpretación de diferentes patrones de gráficos y herramientas de análisis técnico. También se puede explorar cómo aplicar diferentes estrategias de negociación en función de los patrones de gráficos y las tendencias identificadas.

En el análisis fundamental, se pueden examinar los factores específicos que pueden afectar el valor de una criptomoneda y cómo evaluar su relevancia y potencial impacto. También se puede explorar cómo integrar el análisis fundamental con el análisis técnico y la investigación de la industria para tomar decisiones informadas de inversión.

En la investigación de la industria, se puede profundizar en el análisis de tendencias y factores específicos que pueden influir en el potencial de crecimiento de una criptomoneda. Esto podría incluir la revisión de informes de investigación de la industria, la participación en grupos de discusión de la industria y la consulta de fuentes de noticias especializadas en la tecnología de blockchain y las criptomonedas.

En la diversificación de la cartera, se pueden explorar diferentes estrategias de asignación de activos para maximizar el potencial de ganancias mientras se minimiza el riesgo. Esto podría incluir la diversificación en diferentes clases de activos, como criptomonedas, acciones y bonos, así como la diversificación dentro de la clase de activos de criptomonedas.

En cuanto a seguir las noticias, se puede profundizar en cómo utilizar diferentes fuentes de noticias y cómo evaluar la calidad y relevancia de la información. También se puede explorar cómo utilizar la información de las noticias para tomar decisiones de inversión informadas y oportunas.

En la comprensión del mercado de criptomonedas en general, se puede explorar cómo los factores macroeconómicos pueden influir en el mercado de criptomonedas y cómo evaluar el potencial de crecimiento a largo plazo del mercado. También se puede explorar cómo el mercado de criptomonedas interactúa con otros mercados financieros y cómo integrar esta información en la toma de decisiones de inversión.

Finalmente, en el uso de plataformas de inversión, se puede explorar cómo utilizar diferentes plataformas de inversión para identificar oportunidades de inversión y cómo evaluar la calidad y relevancia de la información proporcionada por estas plataformas. También se puede examinar cómo utilizar las herramientas de negociación y monitoreo en tiempo real para tomar decisiones informadas y oportunas.

En resumen, la inversión en criptomonedas implica un enfoque cuidadoso y estratégico que combina la investigación exhaustiva, el análisis técnico y fundamental, la comprensión de la industria y el mercado, la diversificación de la cartera y el seguimiento constante de las noticias y tendencias relevantes. Al profundizar en cada una de estas técnicas de inversión, los inversores pueden mejorar su capacidad para tomar decisiones informadas y oportunas en el mercado de criptomonedas. Además, al utilizar plataformas de inversión y herramientas de monitoreo en tiempo real, los inversores pueden maximizar su eficiencia y eficacia en la toma de decisiones de inversión. Como en cualquier inversión, es importante tener en cuenta los riesgos y hacer una evaluación adecuada de la capacidad de riesgo antes de invertir en criptomonedas.

CAPÍTULO XIV
CÓMO INVERTIR EN CRIPTOMONEDAS DE FORMA SEGURA

La inversión en criptomonedas puede ser una forma emocionante y potencialmente rentable de participar en el mercado de las finanzas descentralizadas, pero también conlleva riesgos significativos. Una de las principales preocupaciones que enfrentan los inversores de criptomonedas es la seguridad. Debido a que las criptomonedas son digitales y se almacenan en línea, es posible que los hackers las roben o que se pierdan debido a problemas técnicos o errores humanos. Afortunadamente, hay medidas que los inversores pueden tomar para proteger sus inversiones.

Una de las medidas de seguridad más efectivas es la autenticación de dos factores (2FA). 2FA es un proceso de seguridad que requiere que los usuarios proporcionen dos formas diferentes de identificación para acceder a sus cuentas. Por lo general, esto implica proporcionar una contraseña y un código de seguridad generado por una aplicación de autenticación en el teléfono del usuario. Al requerir una segunda forma de identificación, el 2FA reduce significativamente el riesgo de que alguien acceda a la cuenta del usuario sin autorización.

Además de la autenticación de dos factores, otro aspecto importante de la seguridad de las criptomonedas es el almacenamiento en frío. El almacenamiento en frío se refiere a mantener las criptomonedas fuera de línea y en un lugar seguro, como una bóveda o una caja fuerte. De esta manera, incluso si un hacker accede a la cuenta en línea del usuario, no podrán acceder a las criptomonedas almacenadas en frío.

Hay varias formas de almacenamiento en frío, incluyendo dispositivos de almacenamiento de hardware, como las carteras de hardware. Estas son billeteras físicas que se parecen a una unidad USB y se utilizan para almacenar las claves privadas que permiten a los usuarios acceder a sus criptomonedas. Al mantener estas carteras de hardware desconectadas de Internet, se mantienen seguras de los hackers.

También hay carteras de papel, que son simplemente impresiones de las claves privadas del usuario en papel. Si se mantienen en un lugar seguro, como una caja fuerte, las carteras de papel pueden ser una forma segura y económica de almacenar criptomonedas.

Otra medida importante de seguridad es investigar y seleccionar cuidadosamente la plataforma de inversión en la que se desea invertir. Es importante asegurarse de que la plataforma tenga un historial sólido y que tenga medidas de seguridad adecuadas, como autenticación de dos factores y encriptación de datos.

Además, los inversores deben evitar compartir información confidencial, como claves privadas o contraseñas, con nadie, incluidos amigos y familiares. Es importante tener en cuenta que las criptomonedas no están aseguradas por la FDIC o por ninguna otra entidad gubernamental, por lo que los inversores son responsables de proteger su propia inversión.

En resumen, la inversión en criptomonedas conlleva riesgos significativos, pero hay medidas que los inversores pueden tomar para proteger su inversión. La autenticación de dos factores, el almacenamiento en frío y la selección cuidadosa de la plataforma de inversión son medidas importantes para garantizar la seguridad de las criptomonedas. Además, es importante evitar compartir información confidencial y recordar que los inversores son responsables de proteger su propia inversión en criptomonedas.

Otro factor importante a considerar al invertir en criptomonedas es la volatilidad del mercado. Las criptomonedas son conocidas por ser altamente volátiles, lo que significa que los precios pueden fluctuar significativamente en un corto período de tiempo. Esto puede generar ganancias rápidas, pero también puede resultar en pérdidas importantes para los inversores.

Por esta razón, es importante tener una estrategia clara y bien definida antes de invertir en criptomonedas. Esto incluye establecer objetivos claros de inversión, identificar las criptomonedas que se desean adquirir y determinar la cantidad de inversión adecuada para cada una.

También es importante diversificar la inversión en criptomonedas, al igual que con cualquier otro tipo de inversión. Esto significa que los inversores no deberían poner todos sus huevos en una sola canasta y deberían considerar invertir en una variedad de criptomonedas, en lugar de centrarse en una sola.

Además, es importante estar informado y actualizado sobre el mercado de criptomonedas, incluyendo noticias y desarrollos tecnológicos relevantes. Esto puede ayudar a los inversores a tomar decisiones informadas y a identificar oportunidades de inversión potencialmente rentables.

Por último, los inversores deben ser conscientes de los riesgos regulatorios asociados con la inversión en criptomonedas. Las regulaciones en torno a las criptomonedas aún no están bien establecidas en muchos países y pueden cambiar rápidamente. Es importante estar informado sobre las regulaciones en su jurisdicción y estar preparado para ajustar la estrategia de inversión en consecuencia.

En conclusión, invertir en criptomonedas puede ser una forma emocionante y potencialmente rentable de participar en el mercado de las finanzas descentralizadas. Sin embargo, también conlleva riesgos significativos. Para invertir de manera segura, los inversores deben tomar medidas de seguridad, establecer una estrategia clara, diversificar la inversión, mantenerse informados sobre el mercado y estar conscientes de los riesgos regulatorios. Con estas precauciones, los inversores pueden minimizar los riesgos y maximizar el potencial de rentabilidad de su inversión en criptomonedas.

La inversión en criptomonedas puede ofrecer altas ganancias en un corto período de tiempo, pero también puede ser muy volátil y arriesgada. Por lo tanto, los inversores deben ser cautelosos y estar dispuestos a aceptar los riesgos asociados con esta inversión. Además, la diversificación de la inversión en criptomonedas puede ayudar a minimizar el riesgo, al igual que con cualquier otra forma de inversión. En general, para invertir en criptomonedas de manera segura y exitosa, es esencial tener un conocimiento sólido de la tecnología subyacente, seguir de cerca los desarrollos del mercado y ser consciente de los riesgos asociados con la inversión en criptomonedas.

CAPÍTULO XV
CÓMO PAGAR IMPUESTOS POR LAS GANANCIAS EN CRIPTOMONEDAS

Las criptomonedas son una inversión cada vez más popular, y aunque su naturaleza descentralizada y su anonimato pueden parecer atractivos para algunos, los inversores deben tener en cuenta que estas ganancias pueden estar sujetas a impuestos. En muchos países, las autoridades fiscales consideran las criptomonedas como una propiedad o un activo, lo que significa que las ganancias en criptomonedas pueden estar sujetas a impuestos sobre la renta, ganancias de capital u otros impuestos aplicables.

Es importante que los inversores entiendan sus responsabilidades fiscales y cómo pagar impuestos sobre las ganancias en criptomonedas. A continuación, se discutirán los aspectos clave que los inversores deben tener en cuenta al pagar impuestos por sus ganancias en criptomonedas.

1 Mantener registros precisos de las transacciones

La primera consideración importante para los inversores es mantener registros precisos de todas las transacciones en criptomonedas. Esto incluye el precio de compra, la fecha de compra, el precio de venta y la fecha de venta, así como cualquier otra transacción relacionada con criptomonedas, como la transferencia de criptomonedas de una billetera a otra.

Mantener registros precisos y actualizados es importante porque puede ayudar a los inversores a calcular con precisión las ganancias y pérdidas en criptomonedas y, por lo tanto, la cantidad de impuestos que deben pagar. Es importante que los inversores guarden todos los registros relevantes durante al menos 5 años después de la fecha en que se presentó la declaración de impuestos, ya que las autoridades fiscales pueden solicitar pruebas en cualquier momento.

2 Identificar el tipo de impuesto que se aplica

La segunda consideración importante es identificar el tipo de impuesto que se aplica a las ganancias en criptomonedas. En muchos países, las ganancias en criptomonedas están sujetas a impuestos sobre la renta o ganancias de capital. En algunos casos, también pueden estar sujetas a otros impuestos aplicables, como el impuesto sobre bienes y servicios.

Los inversores deben consultar con un profesional fiscal para determinar el tipo de impuesto que se aplica en su jurisdicción y cómo se calculan las ganancias y pérdidas en criptomonedas. En algunos casos, las autoridades fiscales pueden permitir a los inversores compensar las pérdidas en criptomonedas contra las ganancias en otros activos, lo que puede reducir el monto total de impuestos que se deben pagar.

3 Calcular las ganancias y pérdidas en criptomonedas

La tercera consideración importante es calcular con precisión las ganancias y pérdidas en criptomonedas. Esto implica restar el precio de compra del precio de venta para determinar la ganancia o pérdida en cada transacción de criptomonedas. Es importante que los inversores mantengan registros precisos para cada transacción, ya que esto puede ser utilizado para calcular la cantidad total de impuestos que deben pagarse.

Es importante tener en cuenta que las ganancias y pérdidas en criptomonedas pueden ser volátiles y fluctuar significativamente en un corto período de tiempo. Por lo tanto, es importante que los inversores calculen las ganancias y pérdidas con precisión y mantengan registros actualizados para garantizar que paguen la cantidad correcta de impuestos.

4 Presentar una declaración de impuestos

La cuarta consideración importante es presentar una declaración de impuestos que incluya las ganancias y pérdidas en criptomonedas. Los inversores deben asegurarse de cumplir con las leyes fiscales de su jurisdicción y presentar una declaración de impuestos que incluya todas las ganancias en criptomonedas, independientemente de si se obtuvieron a través de intercambios en línea o de otras transacciones en efectivo.

Es importante tener en cuenta que algunos intercambios de criptomonedas pueden proporcionar informes de impuestos a los usuarios, lo que puede ser útil para ayudar a los inversores a presentar una declaración de impuestos precisa. Sin embargo, estos informes pueden no incluir todas las transacciones en criptomonedas, por lo que es importante que los inversores también mantengan sus propios registros precisos.

5 Considerar el impacto fiscal de la minería de criptomonedas

Además de las ganancias obtenidas a través de la compra y venta de criptomonedas, la minería de criptomonedas también puede tener implicaciones fiscales. En muchos países, la minería de criptomonedas se considera una actividad comercial y está sujeta a impuestos sobre la renta o ganancias de capital.

Los inversores que se dedican a la minería de criptomonedas deben asegurarse de mantener registros precisos de los costos y los ingresos de la minería, así como de cualquier otra transacción relacionada con la minería de criptomonedas. Esto puede incluir los costos de los equipos de minería, los costos de energía y otros gastos relacionados con la minería.

Es importante tener en cuenta que, en algunos casos, los inversores pueden ser elegibles para deducciones fiscales relacionadas con la minería de criptomonedas. Por ejemplo, en algunos países, los costos de energía y otros gastos relacionados con la minería pueden ser deducibles de impuestos.

6 Buscar asesoramiento profesional

Por último, es importante que los inversores busquen asesoramiento profesional si tienen alguna pregunta o preocupación sobre sus responsabilidades fiscales en relación con las criptomonedas. Un profesional fiscal puede ayudar a los inversores a entender sus obligaciones fiscales, identificar los tipos de impuestos que se aplican a sus ganancias en criptomonedas y calcular con precisión las ganancias y pérdidas en criptomonedas.

Además, un profesional fiscal puede proporcionar asesoramiento sobre cómo minimizar los impuestos y cumplir con las leyes fiscales de manera efectiva. Los inversores que buscan asesoramiento fiscal deben buscar un profesional con experiencia en criptomonedas y una comprensión detallada de las leyes fiscales de su jurisdicción.

En conclusión, las ganancias en criptomonedas pueden estar sujetas a impuestos, por lo que es importante que los inversores entiendan sus responsabilidades fiscales y cómo pagar impuestos sobre las ganancias en criptomonedas. Los inversores deben mantener registros precisos de todas las transacciones en criptomonedas, identificar el tipo de impuesto que se aplica a sus ganancias en criptomonedas, calcular con precisión las ganancias y pérdidas en criptomonedas, presentar una declaración de impuestos que incluya las ganancias en criptomonedas, considerar el impacto fiscal de la minería de criptomonedas y buscar asesoramiento profesional si es necesario. Al seguir estos pasos, los inversores pueden asegurarse de cumplir con las leyes fiscales y evitar problemas legales o financieros en el futuro.

Es importante tener en cuenta que las leyes fiscales en relación con las criptomonedas pueden ser complejas y están en constante evolución. Por lo tanto, es esencial que los inversores se mantengan informados y actualizados sobre cualquier cambio en las leyes fiscales que puedan afectar sus inversiones en criptomonedas.

En resumen, si planeas invertir en criptomonedas, es fundamental que comprendas las implicaciones fiscales y las responsabilidades que conlleva. Debes estar preparado para mantener registros precisos, presentar una declaración de impuestos que incluya todas tus ganancias en criptomonedas, considerar el impacto fiscal de la minería de criptomonedas y buscar asesoramiento profesional si es necesario. Con un poco de planificación y diligencia, puedes invertir en criptomonedas de manera segura y legal, y disfrutar de las ganancias que obtengas sin preocuparte por los problemas fiscales.

CAPÍTULO XVI
CÓMO INTEGRAR LAS CRIPTOMONEDAS EN SU PLAN FINANCIERO GENERAL

1 Establezca sus objetivos financieros y determine cómo las criptomonedas pueden ayudarle a alcanzarlos

Antes de comenzar a invertir en criptomonedas, es importante tener una comprensión clara de sus objetivos financieros a largo plazo. ¿Está buscando ahorrar para la jubilación, comprar una casa o financiar la educación de sus hijos? Una vez que tenga una idea clara de sus objetivos, puede determinar cómo las criptomonedas pueden ayudarlo a alcanzarlos.

Por ejemplo, si está buscando diversificar su cartera de inversiones, las criptomonedas pueden ser una buena opción. Si está buscando una forma de ahorrar para la jubilación, puede considerar invertir en criptomonedas a largo plazo. Si está buscando una forma de hacer transacciones financieras más rápidas y seguras, las criptomonedas pueden ser una buena opción.

2 Aprenda sobre las diferentes criptomonedas y elija aquellas que se ajusten a sus objetivos financieros

Hay muchas criptomonedas diferentes disponibles en el mercado, cada una con sus propias características y riesgos asociados. Es importante investigar y aprender sobre las diferentes criptomonedas antes de decidir en cuáles invertir.

Algunas criptomonedas, como Bitcoin y Ethereum, son ampliamente reconocidas y tienen una gran base de usuarios y desarrolladores. Otras criptomonedas pueden tener características específicas, como mayor privacidad o transacciones más rápidas, que las hacen adecuadas para ciertos objetivos financieros.

Una vez que haya aprendido sobre las diferentes criptomonedas, puede decidir cuáles se ajustan mejor a sus objetivos financieros y comenzar a invertir en ellas.

3 Considere el riesgo y la volatilidad asociados con las criptomonedas

Las criptomonedas son conocidas por ser altamente volátiles y pueden experimentar cambios significativos en su valor en un corto período de tiempo. Es importante tener en cuenta que las criptomonedas son un activo de alto riesgo y que su valor puede disminuir rápidamente. Como tal, es importante no invertir más de lo que puede permitirse perder.

4 Determine su estrategia de inversión en criptomonedas

Una vez que haya elegido las criptomonedas en las que desea invertir, es importante determinar su estrategia de inversión. ¿Está buscando invertir a largo plazo o está buscando hacer operaciones más frecuentes? ¿Está buscando comprar y mantener o está buscando comprar y vender rápidamente?

Cada estrategia de inversión tiene sus propios riesgos y beneficios asociados. Por ejemplo, la inversión a largo plazo puede ayudarlo a obtener ganancias significativas a lo largo del tiempo, pero también puede implicar una mayor exposición al riesgo y la volatilidad. La inversión a corto plazo puede ser más rentable a corto plazo, pero también implica más riesgo y requiere más atención constante al mercado.

5 Mantenga registros precisos y cumpla con las obligaciones fiscales

Es importante mantener registros precisos de todas las transacciones en criptomonedas y cumplir con todas las obligaciones fiscales asociadas con las ganancias en criptomonedas.

Como se mencionó anteriormente, las ganancias en criptomonedas pueden estar sujetas a impuestos, por lo que es importante entender

sus responsabilidades fiscales y mantener registros precisos para presentar sus declaraciones de impuestos correctamente.

También es importante tener en cuenta que el cumplimiento de las obligaciones fiscales puede variar según el país o la región en la que se encuentre. Es posible que deba consultar a un asesor financiero o un experto en impuestos para comprender mejor sus obligaciones fiscales y cómo cumplir con ellas de manera efectiva.

6 Proteja su inversión en criptomonedas

Las criptomonedas son un activo digital y, como tal, están expuestas a ciertos riesgos de seguridad cibernética, como el robo de monedas o la exposición a virus o malware. Es importante tomar medidas para proteger su inversión en criptomonedas, como usar carteras frías para almacenar sus monedas en lugar de dejarlas en plataformas de intercambio, y utilizar medidas de seguridad cibernética, como contraseñas seguras y autenticación de dos factores.

Además, debe tener en cuenta que hay muchos estafadores que tratan de aprovecharse de la popularidad de las criptomonedas para estafar a los inversores. Asegúrese de investigar cualquier inversión en criptomonedas antes de comprometer su dinero, y evite caer en esquemas de inversión fraudulentos que prometen grandes retornos con poco o ningún riesgo.

7 Revise y ajuste su estrategia de inversión en criptomonedas según sea necesario

Las criptomonedas son un mercado en constante evolución y la estrategia de inversión que funcionó bien en el pasado puede no ser efectiva en el futuro. Es importante monitorear el mercado y revisar y ajustar su estrategia de inversión en criptomonedas según sea necesario para asegurarse de que esté en línea con sus objetivos financieros y las condiciones del mercado actual.

En resumen, las criptomonedas pueden ser una parte valiosa de su plan financiero general si se investigan cuidadosamente y se integran de manera efectiva. Al establecer objetivos financieros claros, aprender sobre las diferentes criptomonedas y sus características, considerar el riesgo y la volatilidad, determinar su estrategia de inversión, mantener registros precisos y proteger su inversión, y revisar y ajustar su estrategia según sea necesario, puede maximizar su éxito al invertir en criptomonedas. Recuerde que las criptomonedas son un activo de alto riesgo y es importante invertir solo lo que puede permitirse perder.

Es importante investigar cuidadosamente antes de invertir y tomar medidas para proteger su inversión. Además, mantener registros precisos y cumplir con sus obligaciones fiscales es esencial para evitar problemas legales en el futuro. Como con cualquier forma de inversión, es importante establecer objetivos financieros claros y monitorear y ajustar su estrategia según sea necesario para maximizar su éxito.

CAPÍTULO XVII
CÓMO UTILIZAR LA TECNOLOGÍA
BLOCKCHAIN MÁS ALLÁ DE LA INVERSIÓN

La tecnología blockchain, en esencia, es un libro de contabilidad descentralizado y seguro que puede ser utilizado para rastrear y verificar transacciones. Aunque inicialmente fue desarrollada como la base para las criptomonedas, su aplicación se ha extendido mucho más allá de la inversión en monedas digitales. En este capítulo, exploraremos algunas de las maneras en que la tecnología blockchain está siendo utilizada en otros campos.

1 Gestión de la cadena de suministro

La gestión de la cadena de suministro es uno de los campos donde la tecnología blockchain está teniendo un gran impacto. La cadena de suministro se refiere al proceso de producción y entrega de un producto, desde la materia prima hasta el producto final. La complejidad de la cadena de suministro y la necesidad de mantener un registro detallado y seguro de cada paso del proceso ha llevado a la adopción de la tecnología blockchain como una solución.

La tecnología blockchain se puede utilizar para rastrear el movimiento de bienes y servicios a través de la cadena de suministro, desde su origen hasta su destino final. Esto puede ayudar a prevenir la falsificación y el fraude, así como a aumentar la eficiencia y reducir los costos.

2 Identidad digital

La tecnología blockchain también se está utilizando para crear sistemas de identidad digital seguros y descentralizados. Un sistema de identidad digital es un registro de la identidad de una persona, que se utiliza para verificar su identidad en línea y en el mundo físico.

La tecnología blockchain puede utilizarse para crear un sistema de identidad digital que sea seguro y privado. Esto es posible porque la tecnología blockchain permite que los usuarios mantengan el control sobre sus propios datos personales, y solo permita el acceso a estos datos a las partes autorizadas.

3 Prueba de propiedad

La tecnología blockchain también puede utilizarse para la prueba de propiedad. La prueba de propiedad se refiere al registro de la propiedad de un activo, como una casa o un automóvil, en una base de datos segura y descentralizada. La tecnología blockchain puede utilizarse para crear un registro inmutable de la propiedad de un activo, lo que puede ayudar a prevenir la falsificación y el fraude.

4 Votación electrónica

La tecnología blockchain también se puede utilizar para crear sistemas de votación electrónica seguros y descentralizados. Los sistemas de votación electrónica basados en blockchain pueden ayudar a prevenir el fraude y la manipulación de votos, así como a aumentar la transparencia y la eficiencia del proceso de votación.

5 Almacenamiento de datos

La tecnología blockchain también se está utilizando para el almacenamiento de datos seguro y descentralizado. Los sistemas de almacenamiento de datos basados en blockchain pueden ayudar a prevenir la pérdida de datos y a aumentar la seguridad y la privacidad de la información.

En resumen, la tecnología blockchain tiene aplicaciones que van mucho más allá de la inversión en criptomonedas.

La tecnología blockchain se puede utilizar para la gestión de la cadena de suministro, la identidad digital, la prueba de propiedad, la votación electrónica y el almacenamiento de datos. La tecnología blockchain ofrece una solución segura y descentralizada para una variedad de problemas, y su adopción continúa expandiéndose a medida que se descubren nuevas aplicaciones.

6 Registro médico electrónico

Otro campo donde la tecnología blockchain se está utilizando es el registro médico electrónico. Los registros médicos electrónicos son registros digitales de la historia médica de un paciente que se almacenan en una base de datos. La tecnología blockchain puede utilizarse para crear un registro médico electrónico seguro y privado, donde los pacientes pueden mantener el control sobre sus propios datos médicos y solo permitir el acceso a ellos a las partes autorizadas. La tecnología blockchain también puede ayudar a prevenir la manipulación o la eliminación de registros médicos, lo que es crucial para garantizar una atención médica adecuada.

7 Prueba de autenticidad

La tecnología blockchain también se está utilizando para la prueba de autenticidad. La prueba de autenticidad se refiere a la verificación de la autenticidad de un objeto, como una obra de arte o un producto de lujo. La tecnología blockchain puede utilizarse para crear un registro inmutable y seguro de la autenticidad de un objeto, lo que puede ayudar a prevenir la falsificación y el fraude en la industria.

8 Cadena de custodia

La tecnología blockchain también se utiliza para la cadena de custodia, que se refiere a la secuencia documentada de control de la propiedad y la custodia de la evidencia en un proceso legal o forense. La tecnología blockchain puede ayudar a garantizar la integridad de la cadena de custodia, lo que puede ser crucial para determinar la veracidad de la evidencia en un caso legal.

9 Finanzas descentralizadas (DeFi)

La tecnología blockchain también ha dado lugar a un nuevo campo de finanzas descentralizadas, o DeFi. Los sistemas DeFi utilizan la tecnología blockchain para crear una infraestructura financiera descentralizada que no depende de intermediarios tradicionales como bancos y corredores de bolsa. Los sistemas DeFi ofrecen una mayor transparencia y eficiencia, y pueden ser utilizados para una amplia gama de aplicaciones financieras, como préstamos, intercambios y pagos.

En conclusión, la tecnología blockchain está siendo adoptada en diversos campos más allá de las criptomonedas. Desde la gestión de la cadena de suministro hasta la creación de sistemas de identidad digital, la prueba de propiedad y la votación electrónica, la tecnología blockchain ofrece una solución segura y descentralizada para una variedad de problemas. A medida que la tecnología blockchain continúa evolucionando, es probable que se descubran aún más aplicaciones en el futuro.

10 Identidad digital

La tecnología blockchain también puede utilizarse para crear sistemas de identidad digital seguros y descentralizados. Con un sistema de identidad digital basado en blockchain, los usuarios pueden tener el control total de sus datos de identidad y compartir solo la información necesaria con las partes autorizadas. Esto puede ayudar a prevenir el robo de identidad y mejorar la privacidad en línea.

11 Gestión de la cadena de suministro

La tecnología blockchain también se está utilizando en la gestión de la cadena de suministro para mejorar la transparencia y la eficiencia. Con un sistema de gestión de la cadena de suministro basado en blockchain, cada paso del proceso de producción y distribución se registra de forma inmutable en la cadena de bloques, lo que permite una mayor transparencia y trazabilidad. Esto puede ayudar a prevenir el fraude y mejorar la calidad de los productos.

12 Votación electrónica

La tecnología blockchain también puede utilizarse para la votación electrónica segura y descentralizada. Con un sistema de votación basado en blockchain, los votos se registran de forma inmutable en la cadena de bloques, lo que garantiza la integridad de los resultados de las elecciones. Además, un sistema de votación basado en blockchain puede ser más resistente a la manipulación y el fraude que los sistemas de votación electrónica tradicionales.

13 Propiedad intelectual

La tecnología blockchain también puede utilizarse para la protección y gestión de la propiedad intelectual. Con un sistema de gestión de la propiedad intelectual basado en blockchain, se puede crear un registro inmutable y seguro de la propiedad de obras creativas, como música y arte. Esto puede ayudar a proteger los derechos de autor y prevenir la piratería.

14 Energía renovable

La tecnología blockchain también se está utilizando en el sector de la energía renovable para facilitar la compra y venta de energía. Con un sistema de comercio de energía basado en blockchain, los usuarios pueden comprar y vender energía renovable de forma segura y descentralizada, lo que puede ayudar a fomentar la adopción de energías renovables y reducir las emisiones de carbono.

15 Gestión de la propiedad

La tecnología blockchain también puede utilizarse para la gestión de la propiedad, como la propiedad de bienes inmuebles. Con un sistema de gestión de la propiedad basado en blockchain, se puede crear un registro inmutable y seguro de la propiedad de bienes inmuebles, lo que puede ayudar a prevenir el fraude y la disputa de propiedad.

En resumen, la tecnología blockchain tiene una amplia variedad de aplicaciones en diversos campos, desde la gestión de la cadena de suministro hasta la votación electrónica y la energía renovable. La seguridad, transparencia y descentralización que ofrece la tecnología blockchain la convierten en una solución atractiva para muchos problemas. A medida que la tecnología continúa evolucionando, es probable que se descubran aún más aplicaciones y usos innovadores en el futuro.

La tecnología blockchain se está convirtiendo en una herramienta clave para resolver problemas de seguridad y privacidad en varios campos. Además de las aplicaciones mencionadas anteriormente, la tecnología blockchain también se está utilizando en el sector energético para mejorar la eficiencia y reducir los costos, en la industria alimentaria para garantizar la trazabilidad y la seguridad alimentaria, y en el sector del transporte y la logística para mejorar la eficiencia de la cadena de suministro.

La tecnología blockchain también se está utilizando en proyectos de investigación y desarrollo, como la creación de sistemas de inteligencia artificial descentralizados y la mejora de la seguridad en la gestión de datos en la nube. En resumen, la tecnología blockchain es una solución innovadora y prometedora que tiene el potencial de transformar una amplia gama de industrias y aplicaciones en el futuro.

CAPÍTULO XVIII
CÓMO ESTAR AL DÍA CON LAS TENDENCIAS EN CRIPTOMONEDAS

Una de las mejores maneras de estar al día con las tendencias en criptomonedas es seguir a expertos y líderes en la industria. Hay numerosos expertos en criptomonedas que publican regularmente en redes sociales y blogs. Al seguir a estos expertos, se puede obtener información actualizada sobre el mercado de criptomonedas, las noticias importantes y los desarrollos tecnológicos.

Otra forma de mantenerse al día es a través de medios de comunicación especializados en criptomonedas. Hay varios medios de comunicación en línea que cubren noticias y tendencias en criptomonedas, como Coindesk, Coin Telegraph y Cryptocurrency News. Estos medios de comunicación también ofrecen análisis y opiniones de expertos en la industria, así como informes de mercado y estadísticas.

Además, es importante unirse a grupos y comunidades de criptomonedas en las redes sociales, como Twitter, Reddit y Telegram. Estos grupos pueden proporcionar información valiosa y actualizada sobre el mercado de criptomonedas, así como debates y discusiones sobre temas relacionados con criptomonedas.

Otra forma de estar al día con las tendencias en criptomonedas es asistir a eventos y conferencias relacionados con criptomonedas.

Hay varias conferencias y eventos que se llevan a cabo regularmente en todo el mundo, como el Consensus, la Conferencia Bitcoin, la Conferencia de Blockchain y la Conferencia de Criptomonedas. Estos eventos brindan la oportunidad de conocer a otros expertos en la industria, así como de aprender sobre los últimos desarrollos tecnológicos y las tendencias en criptomonedas.

Por último, es importante estar al día con las regulaciones y las políticas gubernamentales relacionadas con criptomonedas. Las regulaciones gubernamentales pueden afectar el mercado de criptomonedas y es importante estar al tanto de cualquier cambio en las políticas y regulaciones gubernamentales. Para estar al tanto de las regulaciones y políticas gubernamentales, se pueden seguir fuentes de noticias gubernamentales y organizaciones reguladoras, como la SEC y la CFTC en Estados Unidos.

En resumen, hay varias formas de mantenerse actualizado con las tendencias en criptomonedas, desde seguir a expertos en la industria hasta unirse a grupos y comunidades de criptomonedas en las redes sociales y asistir a conferencias y eventos relacionados con criptomonedas. Es importante estar al tanto de los desarrollos tecnológicos, las noticias del mercado y las regulaciones gubernamentales para tomar decisiones informadas en el mercado de criptomonedas.

Además de las formas mencionadas anteriormente, también es importante estar al día con los avances en la tecnología subyacente de las criptomonedas, como la tecnología blockchain. La tecnología blockchain es la columna vertebral de las criptomonedas y ha demostrado tener aplicaciones en una variedad de sectores, como la banca, la atención médica, la logística y más.

Para estar al tanto de los desarrollos en tecnología blockchain, se pueden seguir los blogs y sitios web de los principales desarrolladores de blockchain, como Ethereum, Bitcoin y Ripple. Además, hay muchas comunidades de blockchain en línea donde los desarrolladores y expertos comparten información y discuten las últimas tendencias y desarrollos.

También es importante mantenerse al tanto de las tendencias de inversión en criptomonedas.

El mercado de criptomonedas es altamente volátil y es importante estar al tanto de las tendencias de inversión y los cambios en las valoraciones de criptomonedas específicas. Para esto, se pueden seguir sitios web y aplicaciones de rastreo de criptomonedas, como CoinMarketCap y TradingView, que proporcionan información sobre los precios de criptomonedas y las tendencias del mercado

En general, es importante tener una fuente confiable y actualizada de información sobre criptomonedas para tomar decisiones informadas y evitar errores costosos. Sin embargo, también es importante tener en cuenta que el mercado de criptomonedas es altamente volátil y que la información puede cambiar rápidamente. Por lo tanto, es importante hacer una investigación cuidadosa y considerar múltiples fuentes de información antes de tomar cualquier decisión de inversión en criptomonedas.

Además de seguir a expertos en la industria y estar al tanto de los avances en tecnología blockchain, hay otros factores importantes a considerar al tomar decisiones informadas sobre criptomonedas. Por ejemplo, es esencial comprender los riesgos asociados con la inversión en criptomonedas y cómo estos riesgos pueden afectar su inversión.

Uno de los principales riesgos asociados con la inversión en criptomonedas es la volatilidad del mercado. Los precios de las criptomonedas pueden fluctuar significativamente en un corto período de tiempo debido a factores como noticias del mercado, cambios en las políticas gubernamentales y la demanda del mercado. Como resultado, es importante tener una estrategia de inversión clara y bien definida para minimizar los riesgos asociados con la volatilidad del mercado.

Otro riesgo asociado con la inversión en criptomonedas es la seguridad. Las criptomonedas se almacenan en billeteras digitales y, si se pierde la clave privada de la billetera, se puede perder todo el valor de la inversión. Además, los intercambios de criptomonedas también pueden ser objeto de hackeos y robos, lo que puede resultar en la pérdida de criptomonedas. Por lo tanto, es importante utilizar medidas de seguridad adicionales, como la autenticación de dos factores y la verificación en dos etapas, para proteger su inversión en criptomonedas.

También es importante considerar los aspectos fiscales y regulatorios de la inversión en criptomonedas. Dependiendo de su ubicación y las regulaciones locales, puede haber impuestos y otras obligaciones fiscales asociadas con la inversión en criptomonedas. Por lo tanto, es importante estar al tanto de las regulaciones fiscales y gubernamentales relacionadas con criptomonedas en su ubicación.

Además de comprender los riesgos asociados con la inversión en criptomonedas, también es importante tener una estrategia de inversión clara y bien definida. Esto puede incluir la diversificación de su inversión en criptomonedas en varias criptomonedas diferentes, así como la asignación de un porcentaje específico de su cartera de inversión a criptomonedas.

En resumen, estar al día con las tendencias en criptomonedas es esencial para tomar decisiones informadas en el mercado de criptomonedas. Además de seguir a expertos en la industria y estar al tanto de los avances en tecnología blockchain, también es importante comprender los riesgos asociados con la inversión en criptomonedas y tener una estrategia de inversión clara y bien definida. Con la investigación adecuada y la consideración de múltiples fuentes de información, los inversores pueden tomar decisiones informadas en el mercado de criptomonedas.

CAPÍTULO XIX
CÓMO EVITAR ESTAFAS Y FRAUDES EN CRIPTOMONEDAS

Las criptomonedas han ganado popularidad en los últimos años, pero también han atraído a muchos estafadores y delincuentes que se aprovechan de los inversores. Afortunadamente, hay formas de protegerse de estas actividades fraudulentas y evitar caer en una trampa.

Una de las mejores formas de evitar estafas y fraudes en criptomonedas es tener una comprensión sólida de cómo funciona el mercado de criptomonedas. Muchos estafadores aprovechan la falta de conocimiento de los inversores y los atraen con promesas de ganancias rápidas y garantizadas. Es importante entender que el mercado de criptomonedas es altamente volátil y que no hay garantías de ganancias.

Otra forma de evitar estafas y fraudes es investigar cuidadosamente cualquier inversión en criptomonedas antes de tomar una decisión. Es importante investigar el proyecto, la compañía o el equipo detrás de la criptomoneda antes de invertir cualquier cantidad de dinero. Esto incluye leer su libro blanco, estudiar su plan de negocios y verificar la experiencia y credibilidad de los miembros del equipo.

Es importante tener precaución con los intercambios de criptomonedas que ofrecen grandes descuentos y promociones. Muchas veces, estos intercambios pueden ser una trampa y podrían resultar en la pérdida de fondos de los inversores.

Es importante investigar el intercambio antes de hacer cualquier depósito y buscar comentarios y reseñas de otros inversores para tener una idea de su reputación y confiabilidad.

Otro aspecto importante es asegurarse de que el sitio web o la plataforma de inversión sean seguros y confiables. Asegúrese de que el sitio web tenga un certificado SSL (Secure Socket Layer) y que tenga una conexión segura. Además, es importante verificar la autenticidad de la dirección del sitio web y asegurarse de que se esté utilizando el sitio web oficial para realizar cualquier transacción.

También es importante tener precaución con las ofertas inesperadas y las solicitudes de inversión no solicitadas. Los estafadores pueden enviar correos electrónicos o mensajes directos en las redes sociales que prometen grandes ganancias o solicitan fondos de inversión. Es importante tener precaución con cualquier oferta que parezca demasiado buena para ser verdad y siempre verificar la autenticidad de la oferta antes de tomar cualquier decisión.

Además, se deben evitar los esquemas piramidales y las estafas de inversión en criptomonedas que prometen ganancias garantizadas o altas rentabilidades en un corto período de tiempo. Estos esquemas a menudo involucran a reclutadores que promueven una criptomoneda en particular y ofrecen comisiones para atraer a más inversores. A medida que más inversores se unen, el esquema se vuelve insostenible y los inversores terminan perdiendo sus fondos.

En resumen, para evitar estafas y fraudes en criptomonedas, es importante tener una comprensión sólida del mercado, investigar cuidadosamente cualquier inversión, verificar la reputación de los intercambios de criptomonedas y asegurarse de que los sitios web sean seguros y confiables. También es importante tener precaución con las ofertas inesperadas y evitar los esquemas piramidales y las estafas de inversión en criptomonedas que prometen ganancias garantizadas. Además, es importante tener una actitud crítica y no caer en la tentación de invertir grandes sumas de dinero en criptomonedas desconocidas o poco confiables.

Otra manera de protegerse contra estafas y fraudes en criptomonedas es utilizar una billetera digital segura y confiable. Una billetera digital es una herramienta utilizada para almacenar y gestionar criptomonedas. Es importante elegir una billetera digital que tenga un buen historial de seguridad y protección de activos. Es importante tener en cuenta que la seguridad de la billetera digital es tan importante como la seguridad de la contraseña utilizada para acceder a ella.

Es importante tener precaución al compartir información personal en línea. Los estafadores pueden intentar obtener información personal de los inversores, como el nombre completo, la dirección, el número de identificación, el número de teléfono o el correo electrónico. Es importante no compartir esta información con nadie que no sea de confianza y siempre verificar la autenticidad del sitio web antes de compartir cualquier información.

Además, es importante tener en cuenta que las criptomonedas son una inversión de alto riesgo y que no deben ser consideradas como una inversión segura. Es importante tener una estrategia de inversión bien definida y seguir las noticias del mercado y las tendencias para tomar decisiones informadas de inversión.

Por último, es importante recordar que si algo parece demasiado bueno para ser verdad, probablemente lo sea. Los estafadores a menudo prometen ganancias rápidas y fáciles en el mercado de criptomonedas, pero estas promesas son falsas y pueden resultar en la pérdida de fondos de los inversores. Es importante tener precaución y no tomar decisiones impulsivas o emocionales al invertir en criptomonedas.

En conclusión, el mercado de criptomonedas ha visto su parte de estafas y fraudes en los últimos años, pero hay formas de protegerse contra estas actividades fraudulentas. Es importante tener una comprensión sólida del mercado, investigar cuidadosamente cualquier inversión, verificar la reputación de los intercambios de criptomonedas y asegurarse de que los sitios web sean seguros y confiables. También es importante tener precaución con las ofertas inesperadas y evitar los esquemas piramidales y las estafas de inversión en criptomonedas que prometen ganancias garantizadas.

Al tomar estas medidas preventivas, los inversores pueden protegerse contra las estafas y fraudes en criptomonedas y tomar decisiones de inversión informadas y seguras.

También es importante recordar que la educación continua es clave para mantenerse al tanto de las últimas noticias y tendencias del mercado, lo que puede ayudar a los inversores a tomar decisiones informadas. Además, es importante tener en cuenta que las criptomonedas son una inversión de alto riesgo y no se deben invertir fondos que no se pueden permitir perder. Gracias por compartir esta información valiosa para los inversores interesados en el mercado de criptomonedas.

CAPÍTULO XX
CÓMO AVANZAR EN LA INVERSIÓN EN CRIPTOMONEDAS

Después de haber tomado las precauciones necesarias y haber adquirido una comprensión sólida del mercado de criptomonedas, es importante explorar nuevas oportunidades para avanzar en la inversión en criptomonedas. Esto puede incluir la investigación de nuevas monedas y tokens, así como la exploración de diferentes estrategias de inversión.

Una forma de explorar nuevas oportunidades es investigar nuevas monedas y tokens en el mercado. Es importante tener en cuenta que existen miles de criptomonedas diferentes, cada una con su propia función y propósito. Algunas monedas son conocidas y ampliamente utilizadas, mientras que otras son más nuevas y menos conocidas. Investigar nuevas monedas y tokens puede proporcionar nuevas oportunidades de inversión y un mayor potencial de crecimiento.

Además, es importante tener en cuenta las diferentes estrategias de inversión disponibles en el mercado de criptomonedas. Algunas estrategias incluyen el trading diario, el trading a largo plazo, la inversión en ICOs (Initial Coin Offerings), la minería de criptomonedas y la inversión en fondos de criptomonedas. Cada estrategia tiene sus propios riesgos y beneficios, y es importante investigar cuidadosamente cada una antes de tomar una decisión de inversión.

Otra forma de avanzar en la inversión en criptomonedas es ampliar su conocimiento y experiencia en el mercado. Esto puede incluir la asistencia a conferencias y eventos de criptomonedas, la lectura de publicaciones y libros especializados, y la participación en foros y comunidades en línea. Al ampliar su conocimiento y experiencia en el mercado, puede tomar decisiones de inversión más informadas y estar mejor preparado para cualquier cambio o desafío que pueda surgir en el futuro.

También es importante tener en cuenta que la inversión en criptomonedas es un proceso continuo y que siempre hay más por aprender y descubrir. Es importante mantenerse actualizado con las noticias y tendencias del mercado de criptomonedas, y estar abierto a nuevas oportunidades y estrategias de inversión.

En conclusión, avanzar en la inversión en criptomonedas implica explorar nuevas oportunidades y ampliar su conocimiento y experiencia en el mercado. Esto puede incluir la investigación de nuevas monedas y tokens, la exploración de diferentes estrategias de inversión y la asistencia a eventos y conferencias de criptomonedas. Al mantenerse actualizado y estar dispuesto a aprender y descubrir nuevas oportunidades, puede tomar decisiones de inversión más informadas y estar mejor preparado para cualquier cambio o desafío que pueda surgir en el futuro.

Además de las estrategias mencionadas anteriormente, también hay otras formas de avanzar en la inversión en criptomonedas. Una de ellas es la diversificación de su cartera de criptomonedas. Diversificar su cartera significa invertir en varias criptomonedas diferentes en lugar de solo en una o dos. Esto puede ayudar a mitigar el riesgo de pérdida si una criptomoneda específica experimenta una caída en su valor. También puede ayudar a maximizar el potencial de ganancia al tener inversiones en varias criptomonedas con diferentes niveles de potencial de crecimiento.

Otra forma de avanzar en la inversión en criptomonedas es utilizar herramientas y software especializados para el análisis y seguimiento del mercado. Hay una amplia variedad de herramientas disponibles en línea que pueden ayudarlo a seguir los precios y tendencias del mercado de criptomonedas. Algunas de estas herramientas también pueden ayudarlo a hacer un seguimiento de su cartera y establecer alertas de precios para ayudarlo a tomar decisiones informadas sobre cuándo comprar o vender.

Además, es importante tener en cuenta la seguridad de sus inversiones en criptomonedas. A medida que aumenta el valor de las criptomonedas, también aumenta el riesgo de piratería y robo. Es importante tomar medidas para proteger sus inversiones, como el uso de billeteras de criptomonedas seguras y la implementación de medidas de seguridad adicionales, como la autenticación de dos factores.

Finalmente, es importante tener en cuenta que la inversión en criptomonedas puede ser un proceso emocional. El mercado de criptomonedas es conocido por su volatilidad y puede experimentar fluctuaciones significativas en el valor en un corto período de tiempo. Es importante no dejarse llevar por las emociones y tomar decisiones de inversión informadas basadas en la investigación y el análisis del mercado.

En resumen, avanzar en la inversión en criptomonedas requiere una combinación de investigación, educación, diversificación, seguridad y disciplina emocional. Al utilizar una variedad de estrategias y herramientas, y al mantenerse actualizado con las noticias y tendencias del mercado, puede tomar decisiones informadas y maximizar su potencial de ganancias mientras mitiga los riesgos de pérdida.

Además de las estrategias mencionadas anteriormente, hay otros aspectos a considerar al avanzar en la inversión en criptomonedas. Uno de ellos es la comprensión de las diferencias entre las criptomonedas y las monedas fiduciarias tradicionales. Las criptomonedas no están respaldadas por ningún gobierno o institución financiera y no tienen un valor intrínseco. En cambio, su valor se determina por la oferta y la demanda del mercado y la confianza de los usuarios en la tecnología subyacente.

Otro aspecto importante a tener en cuenta es el papel de los exchanges de criptomonedas. Los exchanges son plataformas donde se pueden comprar y vender criptomonedas. Es importante investigar cuidadosamente un exchange antes de usarlo y comprender los riesgos asociados con su uso. Los exchanges pueden ser vulnerables a hacks y fraudes, y algunos exchanges pueden tener tarifas ocultas o malas prácticas comerciales.

También es importante tener en cuenta la regulación del mercado de criptomonedas.

Los gobiernos de todo el mundo están trabajando para establecer regulaciones para el mercado de criptomonedas, y estas regulaciones pueden tener un impacto significativo en el valor de las criptomonedas y la forma en que se pueden utilizar. Es importante mantenerse actualizado sobre las regulaciones en su país y comprender cómo pueden afectar su inversión en criptomonedas.

Además, es importante tener una estrategia clara para la gestión de riesgos. La inversión en criptomonedas es inherentemente arriesgada y puede experimentar fluctuaciones significativas en el valor en un corto período de tiempo. Es importante tener una estrategia clara para la gestión de riesgos, incluida la determinación de un límite de pérdidas y la diversificación de su cartera de criptomonedas.

También es importante tener en cuenta la importancia de la privacidad y la seguridad en el mercado de criptomonedas. Las criptomonedas se basan en la tecnología blockchain, que utiliza criptografía para asegurar las transacciones y proteger la privacidad de los usuarios. Sin embargo, la privacidad y la seguridad pueden verse comprometidas si se comparten claves privadas o se utilizan billeteras de criptomonedas inseguras. Es importante utilizar billeteras de criptomonedas seguras y tomar medidas adicionales, como la autenticación de dos factores, para proteger sus inversiones en criptomonedas.

En conclusión, avanzar en la inversión en criptomonedas implica una comprensión sólida del mercado, la utilización de una variedad de estrategias y herramientas, la comprensión de las diferencias entre las criptomonedas y las monedas fiduciarias tradicionales, la comprensión del papel de los exchanges de criptomonedas, la gestión del riesgo y la privacidad y seguridad. Al invertir en criptomonedas, es importante mantenerse actualizado sobre las noticias y tendencias del mercado y tomar decisiones informadas basadas en la investigación y el análisis.

Hay otros factores importantes a considerar al avanzar en la inversión en criptomonedas. A continuación se presentan algunos de ellos:

1 Comprender la tecnología subyacente: Es importante tener una comprensión básica de cómo funcionan las criptomonedas y la tecnología blockchain. Esto puede ayudar a tomar decisiones informadas sobre qué criptomonedas comprar y cómo almacenarlas de manera segura.

2 La importancia de la liquidez: La liquidez se refiere a la facilidad con la que se pueden comprar y vender criptomonedas en un mercado. Es importante considerar la liquidez al elegir una criptomoneda para invertir, ya que una falta de liquidez puede dificultar la venta de la criptomoneda en un momento crítico.

3 La comprensión de los tokens: Además de las criptomonedas, también existen tokens. Los tokens son activos digitales que representan un valor específico, como un activo físico, una moneda o incluso una idea. Es importante comprender la diferencia entre los tokens y las criptomonedas y cómo se utilizan en el mercado de criptomonedas.

4 La importancia del análisis técnico y fundamental: El análisis técnico implica examinar los gráficos de precios y otros datos para identificar patrones y tendencias en el mercado. El análisis fundamental, por otro lado, implica examinar los factores económicos y políticos que pueden afectar el valor de una criptomoneda. Ambos enfoques pueden ser útiles para tomar decisiones informadas sobre cuándo comprar o vender criptomonedas.

5 La importancia de la educación continua: El mercado de criptomonedas es dinámico y está en constante evolución. Es importante mantenerse actualizado sobre las noticias y tendencias del mercado, así como aprender continuamente sobre nuevas tecnologías y estrategias de inversión.

En resumen, la inversión en criptomonedas puede ser una forma emocionante de diversificar una cartera de inversión, pero también implica riesgos significativos. Al avanzar en la inversión en criptomonedas, es importante tener en cuenta una variedad de factores, incluyendo la tecnología subyacente, la liquidez, la comprensión de los tokens, el análisis técnico y fundamental, y la educación continua.

Con una estrategia clara y una comprensión sólida del mercado, la inversión en criptomonedas puede ser una forma emocionante de aprovechar la innovación y el potencial de crecimiento en el mercado de las criptomonedas.

Los inversores deben estar preparados para el hecho de que el mercado de criptomonedas es altamente volátil y puede ser difícil de predecir. También es importante tener en cuenta los riesgos de seguridad y proteger cuidadosamente las criptomonedas que se adquieren. Al igual que con cualquier inversión, es importante diversificar y no poner todos los huevos en una sola canasta. En general, la inversión en criptomonedas puede ser emocionante y potencialmente rentable, pero también puede ser arriesgada y no es adecuada para todos los inversores.

ACERCA DEL AUTOR

Juan Álvarez nació el 26 de agosto de 1980 en Barcelona, España. Era el más joven de tres hermanos y creció en un ambiente familiar de clase media. Desde joven, mostró un gran interés por la tecnología y la informática, y comenzó a programar sus propios videojuegos a una edad temprana.

En 2022, Juan Álvarez fundó su propia empresa de tecnología, AsmodeusCoin. La empresa se centró en el desarrollo de soluciones de criptomoneda y tecnología blockchain, y rápidamente se convirtió en una de las principales empresas de su sector en España.

Como CEO de AsmodeusCoin, Juan se destacó por su visión innovadora y su habilidad para liderar a su equipo de programadores y desarrolladores. Bajo su liderazgo, la empresa lanzó una serie de productos y servicios revolucionarios, incluyendo una plataforma de intercambio de criptomonedas y una solución de pagos digitales basada en blockchain.

Hoy en día, Juan Álvarez es considerado como uno de los líderes más influyentes en el mundo de las criptomonedas y la tecnología blockchain. Su empresa, AsmodeusCoin, continúa expandiéndose y desarrollando soluciones innovadoras para las necesidades de sus clientes en todo el mundo.

www.ingramcontent.com/pod-product-compliance
Lightning Source LLC
Chambersburg PA
CBHW070748220526
45467CB00018B/1431